Für unser Dornröschen und unseren Sonnenschein
Kim Sophie Dybietz.

Inhalt

I. Wie die Herbstblätter ihre bunten Farben erhielten

Ein Märchen aus Schweden

Worum geht es in dem Märchen?

Unter den Bäumen entbrennt ein großer Streit, in dem sie einander beschuldigen, unordentlich und unsauber zu sein. Außerdem sind sie gelangweilt von ihrer immergrünen Blattfarbe. Die Zwerge, Elfen und Gnome der Wälder malen die Bäume daraufhin mit den strahlenden Farben des Regenbogens an und bringen so den Herbst in die Welt.

Worum geht es wirklich?

Thematisiert werden Rivalität und Neid und die Art und Weise, wie man mit diesen Emotionen umgehen kann und sollte.

Unterrichtstipps im Überblick:

- **Kreativkopf:** Eine Frottage mit Herbstlaub gestalten
- **Schlaukopf:** Fragen erörtern zu Pflanzen und ihren Farben
- **Spielkopf:** Herbstspaziergang im Klassenraum
- **Kochtopf:** Einen herbstlichen Obstsalat zubereiten

Wie die Herbstblätter ihre bunten Farben erhielten

Ein Märchen aus Schweden

Als die Erde noch in den Kinderschuhen steckte, kannte man noch nicht alle Jahreszeiten. Zuerst gab es nur den Frühling, ehe sich der Sommer dazugesellte. Die Bäume strahlten in allen nur erdenklichen zarten und kräftigen Grüntönen. Doch je länger die Blätter an den Bäumen hingen, desto unansehnlicher und grauer wurden sie. So sehr sich auch Gnome, Elfen und Wurzelzwerge bemühten, die Blätterdächer ihrer Wohnungen und die Baumblätter sauber zu halten, es gelang ihnen immer schlechter. Die Bäume sahen ja nicht ihre eigenen Blätter, sondern nur die der Nachbarbäume.

„Hey, Birke, du könntest auch einmal wieder Großputz auf deinem Blätterdach machen", wisperte die Ulme. Da mischte sich die dicke Kastanie ein und raunte: „Schau dich bloß mal an, wie du selbst aussiehst! Du musst gerade meckern, wo du doch genauso unansehnlich wirkst wie die Birke." Und ehe man sichs versah, entspann sich ein heftiger, lauter Streit unter den bisher so friedlichen Bäumen. Da es zu jener Zeit keine Spiegel gab, auch kein See oder Fluss in der Nähe war, worin man sich hätte spiegeln können, ahnte niemand, wie er selbst ausschaute.

„Hallo, warum streitet ihr euch denn?", rief der kleine, zottelige, braune Wurzelgnom den Streithähnen zu. Die Blumenelfe wisperte mit ihrer zarten Stimme: „Streitet euch nicht, seht ihr nicht, wie herrlich die Sonne scheint? Ihr da oben habt die Wärme am längsten, während wir hier am Boden bereits im Schatten sitzen." „Richtig", mischte sich ein kleiner Zwerg mit seiner grasgrünen Zipfelmütze ein, der gerade ein Säckchen Nüsse geerntet hatte, das er auf seinem Rücken mühsam nach

Hause in seine Wurzelwohnung schleppte. „Ihr Bäume habt es doch wirklich gut. Eure Wurzeln versorgen euch mit Wasser und allem, was ihr braucht, eure dicken Stämme ernähren euch und die Geschwister Sonne, Regen und Wind lassen euch bestens gedeihen." „Na und?", riefen die Bäume zornig zurück. „Wir können uns ärgern, so viel wir wollen, mischt euch da gefälligst nicht ein!" „Aber", unterbrach die Blumenelfe erneut das Streitgespräch, „warum seid ihr denn mit eurer grünen Farbe, die zugegebenermaßen etwas angestaubt wirkt, so unzufrieden? Der nächste Regen wird sie wieder blitzblank waschen." Die dicke Kastanie polterte dazwischen: „Elfe, du hast gut reden, die Blumen in deinem Elfenreich blühen in allen erdenklichen Farben. Und wir? Wir haben nur eine einzige Farbe: Grün. Das ist ja stinklangweilig." „Ist das euer ganzer Kummer?", antwortete die Elfe mit ihrer zarten Stimme. „Ich glaube, ich habe da eine Idee, wie wir das ändern können. Wartet bis heute Abend."

Die kleine Elfe schwebte zum Waldrand und trommelte alle Zwerge, Elfen und Gnome ihres Reiches zusammen. Sie berichtete von dem Streit der Bäume. „Und welche Idee hast du, das Problem zu lösen?", fragten gespannt die Mitglieder der großen Versammlung. „Ganz einfach, ich werde die Regenbogenelfe bitten, doch beim Regenbogen einmal anzufragen, ob er nicht etwas Farbe übrig hat."

Und so geschah es. Die Blumenelfe flatterte zur Regenbogenelfe. Diese wiederum klopfte an die Tür des Regenbogens und erzählte die ganze Geschichte. Der Regenbogen hörte sich das Begehren in Ruhe an, stand bedächtig auf, eilte in seine Farbkammer und stellte alle angebrochenen Farbtöpfe auf die Erde. „Ihr müsst nur noch mein Gelb, Blau, Rot, Orange und Lila mischen, dann habt ihr alle Farben der Welt."

Die Zwerge und Gnome eilten sofort aufgeregt zu den Regenbogenfarben, schleppten die offenen Farbtöpfe zu den Bäumen, tauchten die Pinsel hinein und – ehe die erstaunten Bäu-

me wussten, wie ihnen geschah – machten sich alle an die Arbeit und pinselten die Baumkronen und Blätter an. Die Bäume waren von dieser Aktion hellauf begeistert. Selbst der Wind schaute entzückt zu und stellte sein Pusten ein. Die flinken Eichhörnchen schnappten sich nun ihrerseits die Farbtöpfe, selbst Raben und Elstern waren sich dazu nicht zu schade. Der Mond thronte hoch am Himmel, schaute wohlwollend zu und verscheuchte alle neugierigen Wolken. Doch wie alles einmal zu Ende geht, neigte sich auch die Nacht ihrem Ende zu. Am Himmelsrand reckte die rote Sonne bereits ihr rundes Gesicht empor. „Wir haben noch keine Farbe, beeilt euch!", wisperten die Baumkronen, die noch immer in ihrem grau-grünen Kleid da standen. Da sprühten die Gnome, Elfen, Zwerge, Eichhörnchen, Raben und Elstern sämtliche Farbreste über die wartenden Bäume – und sie erstrahlten in bunten, leuchtenden Herbstfarben.

Und weil dies den Bäumen so gut gefiel, weigerten sie sich, ihre neuen Farben für immer abzugeben. Und so wiederholt sich dieses Farbspektakel jedes Jahr ganz heimlich, wenn der Herbst an die Tür pocht, tief in der Nacht.

1. Kreativkopf: Eine Frottage mit Herbstblättern gestalten

Material:

- weißes Zeichenpapier
- Wachsfarben in Grün, Gelb, Rot und Braun
- große, frische Herbstblätter

Und so wird's gemacht: Die Kinder legen ein Laubblatt unter das Zeichenpapier und reiben mit waagrecht gehaltenen Wachsfarben darüber. So entstehen herbstliche Frottagebilder.

Tipp: Man kann die Bilder ausschneiden und als Wandfries, Bildteppich oder Kalender aufkleben.

2. Schlaukopf: Fragen erörtern zu Pflanzen und ihren Farben

Nehmen Sie die Fragen der Schüler auf bzw. geben Sie Fragestellungen und Aufgaben an die Schüler weiter:

- Warum werden Blätter bunt?
- Welche Rolle spielt bei der Blattfärbung das Licht?
- Warum müssen Bäume ihre Blätter abwerfen?
- Warum verschließt der Baum die Stelle, an der das Blatt wächst?

- Beschreibe diesen Kreislauf der Blätter.
- Sammle Blätter in den Farben rot, gelb, braun und klebe sie auf.

Die Kinder arbeiten in Kleingruppen und nutzen verschiedene Medien zur Recherche (Bücherecke, Sachunterrichtsbuch, Internet, ...).

3. Spielkopf: Herbstspaziergang im Klassenraum

Vorbereitung: Die Kinder sammeln Paare von Herbstblättern und kleben sie auf Karten bzw. Karton auf. Für eine längere Haltbarkeit können sie mit Klebefolie überzogen oder laminiert werden.

Spiel: Die Blätterkarten werden verdeckt verteilt. Stehen alle im Kreis, zeigt jeder Schüler seine Karte und versucht, den Partner mit dem passenden Blatt zu entdecken. Alle Kinder gehen, hüpfen, tanzen zwischen Tische und Stühle hindurch. Auf ein Zeichen bleiben alle stehen und schnappen sich ihren „Herbstblatt-Zwilling". Sie stellen sich paarweise hin und zeigen ihre Karten. Das Spiel ist zu Ende, wenn alle Kinder ihren Karten-Spielpartner gefunden haben

4. Kochtopf: Einen herbstlichen Obstsalat zubereiten

Herbstzeit ist Erntezeit. Setzen Sie Früchte in den Herbstfarben ein, die bei uns und anderswo wachsen: Ananasse, Bananen, Granatäpfel, Melonen, Kiwis, Feigen, gelbe Trauben, Nüsse (Vorsicht bei Nussallergie!), Äpfel, Birnen, Pflaumen, Beeren. Es kann vorkommen, dass Schüler (und Eltern) Obstsalat gar nicht kennen oder noch nie gemacht haben. Bei einer Wortfindung zum Thema „Salat" können alle möglichen Ideen kommen, ohne dass eine Assoziation mit Obst geweckt wird.

Tipp: Lassen Sie die Kinder ausgespülte Joghurtbecher mitbringen. So kann jeder Schüler eine Kostprobe des Obstsalates mit nach Hause nehmen.

Material und Zutaten: Schüssel, Schneidebrett, Messer, Schälchen, großer Löffel, Kaffeelöffel, Obst, Nüsse, Rosinen, Zucker, Honig, Milch oder Zitronensaft

Und so wird's gemacht: Gehen Sie gemeinsam Früchte einkaufen oder jedes Kind bringt nach Absprache etwas mit. Arrangieren Sie das gewaschene Obst auf dem Tisch, erzählen Sie etwas über Wachstum, Ernte und Herkunftsländer. Schneiden Sie je eine Frucht in kleine Stücke und verkosten Sie sie. Schneiden Sie das übrige Obst klein, sammeln Sie es in der Schüssel zum Obstsalat, schmecken Sie das Ganze mit etwas Zucker, Honig, Zitronensaft oder Milch ab (Vorsicht bei Milchunverträglichkeiten!) und essen Sie es gemeinsam als leckeres Frühstück.

Ergänzung: Herbstblätter sammeln
Gehen Sie mit Ihrer Klasse in den Wald oder in den Park und sammeln Sie viele bunte Blätter. Daraus lassen sich fantasievolle Bilder gestalten.

2. Wie der Igel den Maulwurf hereinlegte

Ein Märchen aus Ungarn

Worum geht es in dem Märchen?

Der gutgläubige Maulwurf lässt den Igel in seine Höhle. Doch dieser hat die Absicht, den Wohnungsbesitzer listig zu vertreiben. Ob ihm dies gelingt?

Worum geht es wirklich?

Die Schüler lernen, dass es wichtig ist, genau hinzuschauen, wer wirklich ein Freund ist. Wer andere listig hereinlegt, den bestraft manchmal das Leben. Wie gut, wenn man Familie oder Freunde hat, die einen unterstützen, begangenes Unrecht wiedergutzumachen.

Unterrichtstipps im Überblick:

- **Kreativkopf:** Klassenigel basteln
- **Schlaukopf:** Ein Märchenquiz erstellen
- **Spielkopf:** Pfoten fangen!
- **Kochtopf:** Eierigel zubereiten

Wie der Igel den Maulwurf hereinlegte

Ein Märchen aus Ungarn

Draußen pfiff der kalte Herbstwind durch die Büsche, wirbelte die Blätter auf, trug sie in die Luft hinauf, um sie dann tanzend zwischen den ersten leichten Schneeflocken herunterwirbeln zu lassen. Durch das raschelnde Herbstlaub trippelte mit seinen kleinen, flinken, krummen Beinchen ein Stachelritter, der Igel. Schnüffelnd und keckernd war er auf der Suche nach einem Abendessen, einer leckeren, fetten Schnecke oder einem langen, dicken Wurm. Der Winter nahte mit Riesenschritten, aber der Igel war noch immer nicht fertig, sich seine schneesichere Laubhöhle winterfest einzurichten.

Da traf er einen Maulwurf, der gerade seine große schwarze Nase aus dem feuchten Maulwurfshügel herausstreckte. Eigentlich waren Igel und Maulwurf nicht die besten Freunde und gingen sich eher feindschaftlich aus dem Weg, falls sie sich je einmal nachts begegneten. An diesem Abend aber war der Igel noch immer hungrig und er fror mächtig. Mit seiner Nase stieß er fast an die Rüsselnase des samtweichen Maulwurfs.

„Hallo, wer treibt sich zu so später Stunde noch herum?", rief der Maulwurf. Da Maulwürfe sehr schlecht sehen, mit ihren klitzekleinen Augen fast blind sind, konnte er den stacheligen Gesellen nur undeutlich erkennen. „Ich bin's, der Igel. Oh, mir ist so kalt und ich habe einen schrecklich großen Hunger", antwortete der Igel und blieb stehen. „Na ja", murmelte der friedfertige Maulwurf, „vielleicht ist dies die Gelegenheit, dass aus Feinden Freunde werden? Komm herein", meinte er, „ich lade dich zum Essen ein, meine Speisekammer ist gut gefüllt mit fetten Regenwürmern und sehr leckeren Insekten." Und dann zeigte er seinem Gast die Speisevorratsgänge.

„Hier ist es aber gemütlich und du hast eine tolle Speisekammer", raunte der Igel beeindruckt und schaute sich ganz genau um. „Hm, das wäre ja die perfekte Wohnung für mich – und so viele Vorräte", murmelte der Igel ganz leise, aber sehr zufrieden vor sich hin. Und nun ließ er sich von seinem Gastgeber festlich bewirten, bis sein kleiner, weicher Flaumbauch prall gefüllt war. Danach unternahmen die beiden einen Besichtigungsrundgang durch die unzähligen Gänge, die der Maulwurf mit seinen breiten, starken Grabehänden gebuddelt hatte. „Diese Wohnung muss ich unbedingt haben. Dies ist meine einmalige Chance", keckerte der Igel flüsternd, als der Maulwurf gerade um eine Gangecke bog. Und dann überlegte er, wie er den Maulwurf vertreiben könnte.

„Wozu habe ich meine perfekte Verteidigung denn immer bei mir?", sagte er und richtete sein Stachelkleid raschelnd auf. „Was machst du denn da!", entfuhr es dem Maulwurf erschrocken. „Klapp deine Stacheln sofort ein, du piekst mich ja!" Doch der Igel plusterte sich kugelrund auf und drängte den Wohnungsbesitzer zum Ausgang. „Das kannst du nicht machen!", schimpfte der Maulwurf. „Au! Du verletzt mich mit deinem Stachelkleid, lass das! Dies ist schließlich mein Haus!" Doch der Igel dachte nicht daran und drängte den Maulwurf einfach hinaus. „Jetzt wohne ich in dieser Wohnung!", rief der Igel siegesgewiss. Und dann versperrte er, sich rund wie ein Ball kringelnd, den Ausgang und verstopfte ihn mit seinem ganzen Körper. „Lass mich sofort wieder in meine Wohnung, sie ist für uns beide viel zu klein", schrie der Maulwurf wutentbrannt und bitter enttäuscht. Der Igel aber lachte lauthals. „Wenn es dir hier zu eng ist, bleib einfach draußen. Und ja, du hast Recht, für dich und mich wäre sie wirklich viel zu klein! Ich bleibe auf alle Fälle hier und keiner kann mich vertreiben!"

Keiner? Da hatte der Igel die Rechnung ohne den ausgesperrten Maulwurf gemacht. Dieser trommelte sehr verärgert seine große Verwandtschaft herbei und gemeinsam mauerten sie mit ihren großen Grabehänden sämtliche Ein- und Ausgänge

zu. Da war der Igel gefangen, und als der Maulwurf im Frühjahr seine Gänge öffnete, fand der den Igel fast verhungert in einem seiner Gänge. „Das hat er nun davon! In Zukunft werde ich mir meine Gäste ganz genau anschauen und erschnüffeln, ehe ich sie in meine Wohnung bitte“, rief der Maulwurf zufrieden aus und war nun wieder stolzer Höhlenbesitzer.

1. Kreativkopf: Klassenigel basteln

Material: Tonkarton, Bleistift, Schere, Knöpfe, Wackelaugen, Pailletten, Filzstifte, Wäscheklammern, Klebestreifen

Und so wird's gemacht: Zeichnen Sie einen tropfenförmigen Igelkörper und Igelbeine auf Tonpapier und schneiden Sie alles zu. Grenzen Sie den Kopfteil mit Pailletten ab. Ein Wackelauge und eine große Knopfnase werden aufgeklebt. Die Füße werden aus Papier geschnitten und ebenfalls angeklebt. Die

Klebestreifen werden mit Kindernamen beschriftet (senkrecht oder waagrecht), auf Wäscheklammern geklebt und als Stachelkleid angeklemmt.

Alternative 1: Schreiben Sie die Kindernamen in den Igelbauch.

Alternative 2: Kleben Sie Portraitfotos der Schüler und von sich selbst in den Bauch.

Alternative 3: Die Igel werden aus Kastanien oder aus Zapfen gebastelt. Auf die Kastanie (mit Stachelhülle) werden Wackelaugen und eine rote Holzperle als Nase geklebt. Verwenden Sie den Zapfen waagrecht als Igelkörper und statten Sie ihn mit Füßen aus Knete, Wackelaugen und einer Perlennase aus.

2. Schlaukopf: Ein Märchenquiz erstellen

Die Kinder erstellen auf kleinen Karten ein Fragequiz zur Geschichte mit jeweils drei vorgegebenen Antwortmöglichkeiten. Auf der Kartenrückseite schreiben sie die Lösung auf. Die Fragen können z. B. folgendermaßen aussehen:

- Sind Igel und Maulwurf von Natur aus 1) beste Freunde, 2) gute Nachbarn oder 3) Feinde?

- Lebt ein Maulwurf 1) in der Gruppe, 2) mit einem Partner oder 3) alleine?

3. Spielkopf: Pfoten fangen!

Die Hände der Kinder stellen Tierpfoten dar. Alle Kinder am Tisch legen ihre beiden Hände zur Kreismitte hin. Ein Kind steht auf, kreist mit einem kleinen Karton laut brummend, keckernd oder schnaufend über die Hände und lässt mit einem plötzlichen Tierlaut den Karton heruntersausen. Alle Tierpfoten, die berührt werden, sind „abgeschlagen“ und werden unter dem Tisch versteckt. Das Spiel ist zu Ende, wenn die allerletzte Hand abgeschlagen wird.

4. Kochtopf: Eierigel zubereiten

Zutaten: gekochte Eier, Zahnstocher oder Salzstangen, Rosinen, Kirschtomate oder Silberzwiebel

Und so wird's gemacht: Aus gekochten Eiern werden Eierigel dekoriert. Die Eier werden waagrecht gelegt, Stacheln aus Zahnstochern oder Salzstangen einsteckt und schließlich Rosinenaugen und eine Nase aus einer halben Kirschtomate oder einer Silberzwiebel angebracht.

3. Die Geschichte vom Rübenziehen

Ein Märchen aus Russland

Worum geht es in dem Märchen?

Im Garten wächst eine Rübe und wächst und wächst. Als der Bauer sie ernten möchte, bleibt sie tief in der Erde stecken. Immer mehr Familienmitglieder und sogar die Tiere helfen mit. Aber vorerst scheitern alle Versuche, sie zu ernten. Doch am Ende wird sie mit der Hilfe eines kleinen Tieres doch noch herausgezogen.

Worum geht es wirklich?

Wenn alle zusammenhalten und gemeinsam an einem Strang ziehen, kann Außergewöhnliches gelingen. Auch jemand ganz Unscheinbares kann dazu beitragen, dass ein Ziel erreicht wird.

Unterrichtstipps im Überblick:

- **Kreativkopf:** Tiere aus Alufolie knüllen
- **Schlaukopf:** Russland erkunden
- **Spielkopf:** Ein Finger-Rübenspiel
- **Kochtopf:** Kiwi-Mäuse zubereiten

Die Geschichte vom Rübenziehen

Ein Märchen aus Russland

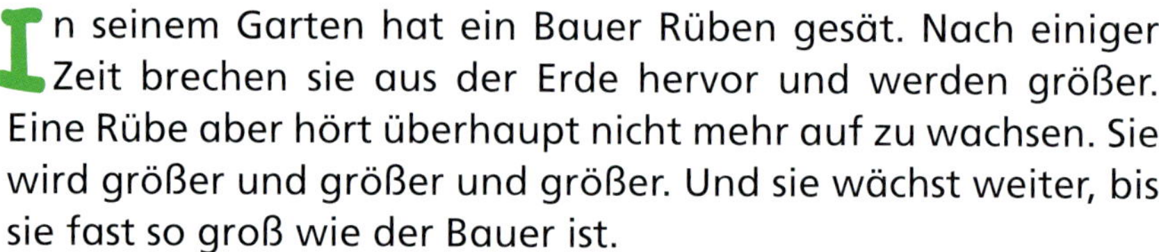

In seinem Garten hat ein Bauer Rüben gesät. Nach einiger Zeit brechen sie aus der Erde hervor und werden größer. Eine Rübe aber hört überhaupt nicht mehr auf zu wachsen. Sie wird größer und größer und größer. Und sie wächst weiter, bis sie fast so groß wie der Bauer ist.

Als sie geerntet werden soll, packt der Bauer die riesengroße, saftige Rübe am grünen Schopf, stemmt sich gegen die Erde und zieht und zieht und zieht. Aber die Rübe bewegt sich kein Stück. Da ruft der Bauer seine Frau zu Hilfe. An ihrer grünen Gartenschürze wischt sie sich die Hände trocken, umfasst ihren Mann an der Taille und mit einem „hau ruck!" ziehen sie an der Rübe. Doch die Rübe bewegt sich kein Stück. Nun ruft die Bäuerin ihre drei erwachsenen Kinder zu Hilfe. Sie kommen angerannt, einer umfasst den Vordermann und als ihre Eltern rufen: „Los und hau ruck!", beginnen sie aus Leibeskräften zu ziehen. Doch die Rübe bewegt sich kein Stück.

Verzweifelt rufen sie nun ihre Enkelkinder, die sind zwar noch klein und jung, aber wollen bei dieser seltsamen Rübenernte natürlich mitmachen. Neugierig und kichernd hängen sie sich an ihre Eltern, umfassen die Schürzenbänder der Mutter und halten sich am Hosenbund des Vaters fest. Und die Schlange der Rübenzieher wächst und wächst und wird immer länger. Auf „hau ruck!" legen sich alle rückwärts, stemmen die Füße in die braune Gartenerde und ziehen und ziehen und ziehen. Aber die Rübe ist wie festgeklebt. Keinen Millimeter schlüpft sie aus der Erde heraus.

Nun rufen sie ihren Hund, der kommt schwanzwedelnd und bellend sofort hinzu, schnappt sich die Schürzenbänder der Enkelin

und auf „hau ruck!“ beginnen alle erneut zu ziehen, so kräftig sie können. Und wieder stemmen sie die Füße in die braune Gartenerde, lehnen sich weit nach hinten und ziehen gemeinsam aus Leibeskräften. Arme, Beine und Rücken beginnen zu schmerzen, den Großeltern und Eltern stehen die Schweißtropfen auf der Stirn. Sie ziehen, als ob es um ihr Leben ginge.

„Los, beweg dich, komm heraus, du Riesenrübe!“, ruft der Bauer. Doch sie steckt wie mit Zauberhänden festgehalten in der Erde und bewegt sich kein winziges Stück heraus. Irgendjemand verhindert die Ernte dieser großen Wunderrübe. „Wir werden noch unsere anderen Tiere um Mithilfe bitten“, meint der Bauer. Das weiße Hühnchen flattert flügelschlagend und gackernd zu Hilfe und hängt sich an den langen Schwanzhaaren des Hundes einfach an. Der Hahn stolziert gemächlich über den Hühnerhof und mit einem durchdringenden und lauten „Kikerikiki!“ schnappt er mit seinem spitzen Schnabel nach dem weißen Hühnerschwanz. Der Hahn zieht am Huhn, das Huhn am Hund, der Hund an den Enkelkindern, die Enkelkinder an ihren Eltern, die Eltern an den Großeltern, die Bäuerin am Bauer und der Bauer zieht an der Rübe. Mit vereinten Kräften und einem lauten „hau ruck!“ packen alle gleichzeitig an. Sie ziehen und ziehen und ziehen. Doch die Rübe bewegt sich kein Stück.

„Ich helfe auch mit“, piepst die kleine graue Maus, die alles mit angesehen und mit angehört hatte, trippelt hinzu, so schnell sie kann, und beißt sich in der längsten Schwanzfeder der Hahnes fest. Und auf „hau ruck!“ stemmen sie sich fest in der braunen Erde ab, beugen sich nach hinten und ziehen und ziehen und ziehen mit letzter Kraft gemeinsam an der Rübe – und plötzlich gibt die große, schwere Rübe nach und – schwuppdiwupp! – flutscht sie aus der braunen Erde heraus. Alle purzeln wild durcheinander, stürzen übereinander, kullern über die braune Erde und halten sich vor lauter Lachen, Bellen, Gackern, Krähen und Piepsen ihre Bäuche. Und mit vereinten Kräften schleppen sie die Riesenrübe in die Küche, wo die Bäuerin ein leckeres Festmahl für alle zubereitet.

1. Kreativkopf: Tiere aus Alufolie knüllen

Material: Alufolie (Wackelaugen, Perlen)

Und so wird's gemacht: Die Alufolie wird in breite Streifen gerissen und daraus werden die Tiere und Figuren des Märchens gestaltet. Sie können mit Wackelaugen und einer Perlennase verziert werden. Auf dem Tisch werden sie der Reihenfolge des Märchens gemäß zusammengeschoben, um dann auf Plakatkarton als Relief zur Geschichte angeordnet und festgeklebt zu werden.

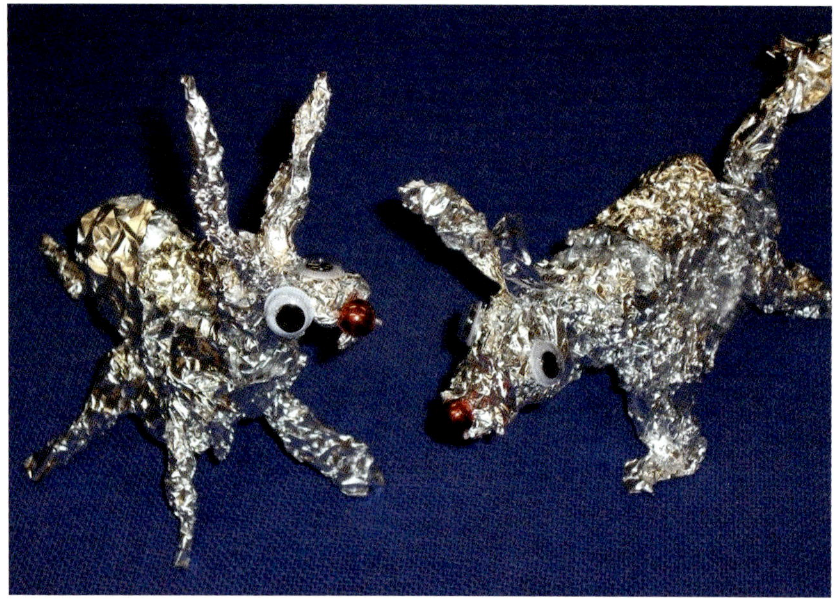

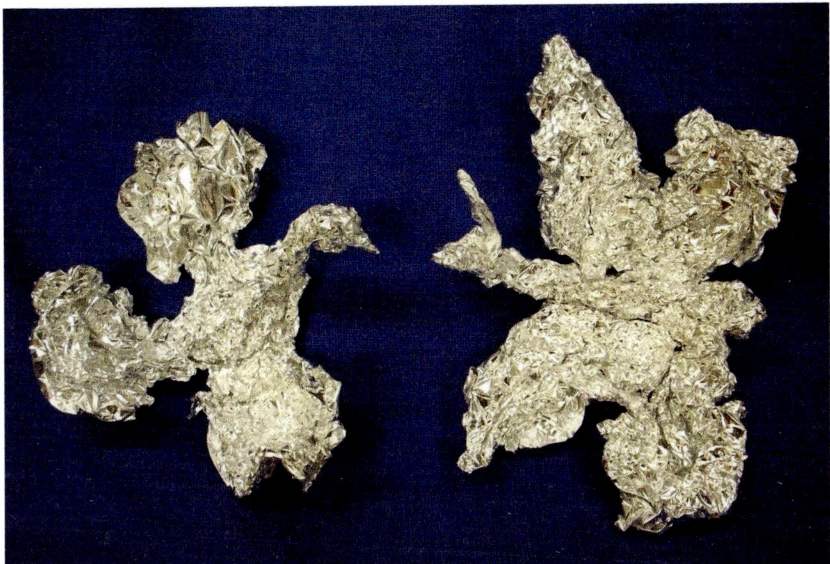

2. Schlaukopf: Russland erkunden

Anregungen für Aufträge und Fragen:

- Schau im Atlas oder auf dem Globus nach, wo Russland liegt.
- Nenne die Länder, die an Russland grenzen.
- Nenne die Hauptstadt und zeichne die Nationalflagge.
- Welche Sprache spricht man dort? Suche nach einer Abbildung der russischen Schrift.
- Recherchiert in kleinen Teams und notiert: Wie heißt der Regierungschef, was wisst ihr über ihn?
- Welche Pflanzen und Tiere gibt es dort?
- Was wäre noch interessant und wissenswert?
- Fertigt gemeinsam ein Plakat oder eine Karte zu Russland an.

Zur Recherche benötigen die Kinder entsprechende Bücher bzw. einen Internetzugang.

3. Spielkopf: Ein Finger-Rübenspiel

Begonnen wird mit der rechten Hand:
Dieser Daumen ist der **Bauer,**
er ist ein ganz besonders Schlauer.
Der Zeigefinger ist die **Frau,**
sie weiß alles ganz genau.
Der Mittelfinger kommt als **Sohn,**
er arbeitet immer ohne Lohn.
Der Ringfinger ist die **Tochter** nett,
und die füttert die Hühner fett.
Der kleine Finger ist das **Enkelkind,**
es rennt gerad' so geschwind wie der Wind.

Nun kommt die zweite, linke Hand dazu:
Der Daumen ist **Hund** Kyrill,
der am liebsten ganz laut bellen will. *(bellen)*
Der Zeigefinger ist ein **Huhn,**
es gackert sehr laut, hat viel zu tun. *(gackern)*
Der Mittelfinger ist **Hahn** und kräht:
„Zum Helfen ist es nie zu spät."

Ringfinger:
Wir **alle** ziehen – hau ruck und pardauz!
Ich, kleiner Finger, helf' mit als **Maus,**
und ziehe die Rübe endlich heraus.
Durcheinander purzeln alle ganz wild:

Alle Finger tanzen wild und durcheinander.
Was für ein lustiges Rübenbild!
Die Hände ruhen still auf dem Tisch.

4. Kochtopf: Kiwi-Mäuse zubereiten

Material und Zutaten: eine feste ganze oder halbe Kiwi pro Maus, Schere, Wackelaugen, Schnur oder Kette, Zahnstocher, Trauben, Nüsse, Rosinen, Lebensmittelkleber, Pappteller zum Transport

Und so wird's gemacht: Die Kiwis werden längs als Mäusekörper geteilt oder als ganze Früchte belassen. Eine Traubennase, Nuss- oder Traubenohren, Rosinen- oder Wackelaugen und ein Schnur- oder Kettenschwanz werden mit halben Zahnstochern aufgesteckt bzw. angeklebt. Fertig ist die Maus.

Tipp: Auch alle anderen Tiere können ähnlich gestaltet werden, dazu werden die entsprechenden Körperteile aus Papier gestaltet und angeklebt.

4. Die Reise zum Berg der Götter

Ein Märchen aus Indien

Worum geht es in dem Märchen?

Ein alter König macht sich wie ein Bettler mit seinem treuen Hund auf den Weg in den Götterhimmel. Aber sein geliebter Hund darf nicht hinein. Dies ist für ihn nicht tragbar, und als er deshalb entschlossen umkehren möchte, geschieht ein Wunder.

Worum geht es wirklich?

Die Kinder lernen ein fremdes und faszinierendes Land aus Tausendundeiner Nacht mit seiner Götterwelt kennen. Seinen Freunden auch in schwierigen Situationen treu zu bleiben ist das Wichtigste im Leben, so lautet die Lehre des Märchens.

Unterrichtstipps im Überblick:

- **Kreativkopf:** Einen Hund aus Klopapierrollen basteln
- **Schlaukopf:** Götterwelten erkunden
- **Spielkopf:** Der Wachhund passt auf!
- **Kochtopf:** Ein indisches Bananenbrot backen

Die Reise zum Berg der Götter

Ein Märchen aus Indien

Im Staate Rajasthan in Nordindien lebte einst der König Rajah in seinem Palast am Rande einer Wüstenstadt. Wenn er zu seinem Fenster hinausschaute, sah er die unendliche Weite der goldbraunen Wüste. Kamele schaukelten schwer beladen durch die flirrende Sommerhitze. Abends schweifte sein Blick über die hell flackernden Lagerfeuer, um die sich die Menschen versammelten. Er hörte, wie sie lachten, Tee schlürften und sich Geschichten erzählten.

König Rajah war schon sehr alt und er beschloss, seine letzte große Reise zu wagen, legte ein einfaches, langes weißes Gewand an, nahm seinen knorrigen braunen Wanderstab in die braunen, alten Hände und rief seinen treuesten Begleiter, einen kleinen, struppigen weißen Hund zu sich. In einem Bündel aus weißem Seidenstoff trug er einige wenige Habseligkeiten, die er für die lange und beschwerliche Reise ohne Rückkehr benötigte. Diese Reise konnte er nicht in seiner goldenen Sänfte zurücklegen, sondern, so schrieben es die Götter vor, er musste sie alleine und zu Fuß bewältigen. Er wanderte viele Tage und Nächte, sein Gewand wurde staubig, der Saum riss ein und seine Sandalen zerschlissen. Er sah wie ein Bettler aus.

Langsam, hoffnungsvoll und mutig setzte er einen Fuß vor den anderen und dann stand er endlich überglücklich vor dem hohen Berg der Götter. Ihn musste er nur noch besteigen. „Hoffentlich reicht meine Kraft dazu noch aus", sprach er zu seinem treuen Hund. Dieser schaute ihn mit seinen treuen schwarzen Augen verständnisvoll an und trottete langsam neben ihm her. Endlich stand der König schwer atmend und durstig vor dem mächtigen, hohen goldenen Eingangstor der Götterstadt. Die Sonne brannte heiß und unbarmherzig auf die beiden Wanderer herab. Das Seidengewand des Königs war

längst zerschlissen und er hatte sich, so wie es die Götter verlangten, ein Gewand aus Borke und Baumrinde genäht.

Er klopfte an das mächtige, reich verzierte Tor. Leise öffnete es sich einen Spalt und der König und sein treuer Hund schlüpften hindurch. Plötzlich hielt neben ihnen ein mit Tausenden von kleinen, blinkenden Spiegeln und Edelsteinen geschmückter Wagen. „Steig ein", forderte der Gott Indra den König freundlich auf, „ich nehme dich mit auf den Berg zur himmlischen Stadt." „O Indra", rief der König mit zittriger Stimme, „ich kann nur dann den Himmel betreten, wenn mein Hund, mein treuer Begleiter und bester Freund, mitkommen darf." Gott Indra erwiderte sanft: „Hunde haben keinen Zutritt in den Himmel. Du musst ohne ihn eintreten." Der alte, müde König antwortete traurig: „Dann bleibe auch ich hier, ich kann ihn unmöglich hier am Berg zurücklassen. Er hat mir immer die Treue gehalten, ich verzichte nicht auf ihn, ich liebe ihn zu sehr."

Indra versuchte König Rajah zu überzeugen, dass Hunde unrein sind und dass sie den Himmel beschmutzen würden. Für Hunde sei deshalb der Zutritt strengstens verboten. König Rajah überlegte ein paar Sekunden, lächelte seinem Hund zu, schüttelte langsam den Kopf und antwortete mit fester Stimme: „Gut, dann fahre du ohne uns weiter und ich kehre mit meinem treuen Freund um. Ohne meinen Hund gehe ich nirgends hin."

Da wurde der Gott ungehalten. „Steig endlich ein!", forderte er streng. Der alte König schüttelte seinen Kopf und erwiderte: „Ich habe mein ganzes Leben lang denen geholfen, die Hilfe brauchten, die Angst hatten, die Zuflucht erbaten, die schwach waren und sich nicht selbst beschützen konnten. Nein, die Freude im Himmel kann nie so groß sein, dass ich meinen treuen Hund hier lassen würde."

Langsam wendete sich der alte König vom Gott des Himmels ab. Entschlossen wollte er den hohen, steilen Berg wieder hinunterschreiten. Doch als er sich zu seinem Hund umdrehte, war dieser verschwunden – so, als hätte der Berg ihn verschluckt.

Ein Wesen in leuchtendem Gewandt stand unvermittelt neben ihm, blickte ihn freundlich an und sprach: „Ja erkennst du mich denn nicht? Ich bin es, dein treuer Hund." Da war der alte König Rajah sprachlos. Neben ihm stand in einem leuchtenden Gewand eine Gestalt, und die sollte sein verwandelter Hund sein? „Bei allen Göttern der Welt", rief er erleichtert und ungläubig dreinschauend aus, „das ist doch nicht möglich!" Lange schaute ihn die Gestalt an.

„Ich bin Gott Dharma selbst, der Gott der Gerechtigkeit. Du warst bereit, wegen eines armen, stummen Tieres, wegen deines Hundes, dein himmlisches Glück zu opfern, weil die Liebe zu deinem treuen Hund größer war als die Sehnsucht, in den Himmel zu kommen", tönte es dem König mit einer warmen, gütigen Stimme entgegen. Stumm schaute er die Gottheit Dharma an. „Nun steig endlich ein, König Rajah", antworteten die beiden Götter Indra und Dharma und drängten zur Weiterfahrt. Und oben auf dem Berg öffnete die himmlische Stadt weit ihre Tore und hieß den irdischen Gast willkommen.

1. Kreativkopf: Einen Hund aus Klopapierrollen basteln

Material: 2 Papprollen, Papierreste, Wackelaugen, Klebstoff, Schere, Filzstift

Und so wird's gemacht: Eine Rolle für den Bauch und eine halbe für den Kopf werden mit Papier bezogen und überstehendes Papier wird abgeschnitten. Die Ränder der Rollenöffnungen werden mit Klebstoff betupft, wieder wird Papier angeklebt und alles Überstehende abgeschnitten. Die Kinder zeichnen Nase und Maul ein, kleben die Wackelaugen auf und bringen Ohren und Schwanz aus Papier und einen mittig durchgeschnittenen Rollenring als Beine an.

2. Schlaukopf: Götterwelten erkunden

Kinder und Lehrer sitzen im Kreis. Der Lehrer fordert die Kinder auf, der Reihe nach zu erzählen, was ihnen spontan zum Thema „Götter" einfällt. Wichtige Punkte notiert er an der Tafel. Die Kinder treffen sich danach in Kleingruppen, um mithilfe von bereitgestellten Medien wie Lexika, Fachbüchern oder dem Internet neues Wissen zu den nachfolgenden Punkten zusammenzutragen:

- In welchen Religionen und Ländern findet man Götter und Gottheiten?
- Wie und warum werden diese verehrt?
- Welche Namen haben sie?
- Welche Aufgaben werden ihnen zugeschrieben?
- Sucht nach Begriffen und erforscht ihre Wortgeschichte: Götterdämmerung, Götterspeise, Götterbaum

Sammelt dazu Fotos und Bilder aus dem Internet und Fachbüchern, tragt eure Recherchen zusammen, fotokopiert sie und erstellt daraus ein „Götterbuch".

3. Spielkopf: Der Wachhund passt auf!

Material: eine Glocke

Spiel: Alle Kinder sitzen ganz leise im Kreis. In der Kreismitte sitzt ein Kind mit verbundenen Augen als „Nachtwächterhund". Unter seinem Stuhl liegt eine kleine Glocke. Ein Kreiskind schleicht sich heran und versucht, die bewachte Glocke zu stehlen, Der Wachhund darf sich auf seinem Stuhl (vor seiner Hundehütte) mit den Armen bewegen, wie er will. Erwischt er den Dieb, löst ihn dieses Kind ab. Ansonsten hat der diebische Hund drei Versuche, die Glocke zu stehlen ohne sich erwischen zu lassen. Gelingt ihm das, darf er zurück in den Kreis gehen. Gelingt dies nicht, erfolgt ein Partnerwechsel.

4. Kochtopf: Ein indisches Bananenbrot backen

Zutaten:

200 g Margarine
150 g Zucker
2 Eier
4–5 weiche Bananen
100 g gemahlene Nüsse
100 g Rosinen
100 g Kokosflocken
1 Pkg. Backpulver
300 g Mehl

Sonstige Materialien: Schüssel, Gabel, Rührlöffel, Kastenform, Backofen

Und so wird's gemacht: Die Kinder zerdrücken mit der Gabel die weichen Bananen, geben sie in die Schüssel, mischen das Ganze mit Margarine, Eiern, Mehl, Zucker und Backpulver. Dann heben sie Nüsse, Rosinen und Kokosflocken unter und rühren daraus einen zähen Teig. Er wird in eine eingefettete Backform gegeben und das Brot wird etwa 60 Minuten lang bei 175° gebacken. Vorsicht bei Nussallergien!

5. Auf Mondjagd 

Ein Märchen aus Norwegen

Worum geht es in dem Märchen?

Um eine niemals versiegende Lichtquelle für den dunklen Winter zu erobern, versucht ein Dorf, den leuchtenden Mond einzufangen. Doch so sehr sich die Bewohner auch bemühen, es gelingt ihnen nicht. Wie gehen sie am Ende mit dem Misserfolg um?

Worum geht es wirklich?

Manchmal möchten die Menschen „nach den Sternen greifen" und überschätzen ihre Macht und ihre Kräfte. Analog zur biblischen Geschichte über den Turmbau zu Babel lehrt die Geschichte uns, bescheidener zu werden, unsere Grenzen zu akzeptieren und die Natur zu respektieren.

Unterrichtstipps im Überblick:

- **Kreativkopf:** Einen Märchen-Wandfries anfertigen
- **Schlaukopf:** Plakate zum Thema „Skandinavien" gestalten
- **Spielkopf:** Zu Gast beim Mondbären
- **Kochtopf:** Mondberge aus Cornflakes herstellen

Auf Mondjagd

Ein Märchen aus Norwegen

Hoch im Norden in Norwegen, wo sich Fuchs und Hase gute Nacht sagen, lebten einmal vor langer, langer Zeit in kleinen roten Holzhäusern zufriedene Dorfbewohner. Tagsüber gingen sie an einen der vielen blauen Seen, um zu angeln, beschäftigten sich mit ihren größeren oder kleineren Rentierherden oder schlugen in den unendlich weiten Wäldern des Landes Holz. Jeden Abend besuchten sie mit Kind und Kegel die Sauna. Sie ist so etwas wie unser Badezimmer, nur dass man in der Sauna ordentlich schwitzt und das Erlebnis mit anderen teilt.

Im Sommer geht die Sonne so hoch oben im Norden nicht unter. Dann kann man dort mitten in der Nacht bequem noch die Zeitung lesen. Im Winter hingegen geht sie kaum mehr auf, es ist dunkel und dämmrig.

Deshalb beschlossen die Bewohner, den leuchtenden Mond zu fangen. An diesem Abend thronte er dick und kugelrund und nichts ahnend auf einer weiß verschneiten Bergspitze. „Schau mal, der Mond", rief Nils, der zum Fenster hinausblickte. „Wäre jemand auf dem Berggipfel, könnte er gar leicht den Mond einfangen und ihn zu uns bringen. Wir hätten dann in den langen, kalten Tagen und Nächten genügend warmes Mondlicht zur Verfügung und sogar umsonst. Unsere Wintertage würden richtig gemütlich werden!"

Dieser Gedanke gefiel den Bewohnern sehr. Sie beschlossen, die Idee, den Mond einzufangen und in ihr Dorf zu holen, den anderen Dorfbewohnern nahezubringen und luden zu einer außerordentlichen, wichtigen Versammlung ein, um zu beraten, wie man diese grandiose Idee umsetzen könnte. „Wir könnten unser teures Licht einsparen, ein toller Gedanke!", er-

öffnete der Dorfvorsteher die Versammlung. „Aber wie wollen wir den Mond freiwillig vom Gipfel des Berges zu unserem Dorf herunterlocken?", grübelte Nils laut nach.

Alle berieten viele Stunden, steckten ihre Köpfe zusammen, bis sie rauchten; sie diskutierten und beratschlagten. Dann hatten sie die Idee. „Wir holen ein großes Netz und ein langes Seil und machen uns auf den Weg zum Berggipfel", verkündete der Dorfvorsteher stolz. „Wir schleichen uns an den Mond heran, werfen das Netz über ihn und nehmen ihn mit."

Jeder, der laufen konnte, wollte bei diesem ungewöhnlichen und einmaligen Ereignis dabei sein. Ein langer Zug stieg auf den nahe gelegenen Berg. Dort angekommen, trauten sie ihren Augen kaum: „Wo ist denn der Mond?", rief ein Dorfbewohner erschrocken. Kein Mond war mehr auf der Bergspitze zu entdecken.

„O Schreck, seht ihr auch, was ich sehe?", rief Nils atemlos. Der Mond strahlte vom schwarzblauen Nachthimmel auf sie herunter. Mit gewaltigen Sprüngen wollten sie den Mond erhaschen. Sie reckten und streckten sich, aber ihre Arme waren viel zu kurz, um den Mond zu erreichen. „Werfen wir unsere großen Fischernetze aus, der Mond wird sich darin verfangen und wir können ihn bequem herunterholen", riefen einige starke Fischer und warfen das Netz schwungvoll in den Nachthimmel hinauf. Doch der Mond verfing sich nicht im Netz, sondern fiel über sie und begrub sie unter sich. Sie mussten sich mühsam aus ihrem Fischernetz befreien wie zappelnde Fische. „Schnappen wir uns den Mond und fangen ihn mit unserem langen Rentier-Seil." Sie formten eine große, runde Schlinge, rollten das endlos lange Seil wie eine Schnecke zusammen, holten aus, schwangen es immer schneller werdend im Kreis herum und schleuderten es geschickt in den Himmel hinauf.

Vergeblich, der Mond ließ sich nicht einfangen. „Was wollen wir nun tun?", riefen einige Frauen müde. Da war guter Rat teuer. „Ohne den Mond kehren wir auf keinen Fall in unser Dorf zurück, das wäre eine Schande und alle würden uns auslachen." Alle nickten bestätigend. „Lasst uns auf den nächsthöheren Berg steigen, vielleicht können wir den Mond dort einfangen!", riefen die Kinder aufgeregt, denn sie hatten beobachtet, wie der Mond allmählich vom Himmel zum nächsten Berg wanderte.

Tatsächlich, der gute alte Mond thronte wenig später genau auf der nächsten Bergspitze und schien sich auszuruhen. Mit neuem Mut stürmten alle auf diesen Berg hinauf.

Endlich erreichten sie müde und atemlos die Bergspitze. „Nein", jammerten die Kinder, „der Mond ist schon wieder verschwunden und thront im Himmel mitten unter den funkelnden Sternen." Nils rief: „Ich glaube, der Mond hat vor uns Angst. Wir wollen ihn besänftigen und zu uns locken." Alle riefen so freundlich und lockend, wie sie konnten: „Mond, Mond, renn nicht fort, bleib doch hier an diesem Ort. Wir brauchen dich bei uns daheim, wir wollen deine Freunde sein." Vielleicht hatte der Mond sie nicht gehört oder verstand die Menschensprache nicht, denn er blieb weder auf diesem noch auf dem nächsten, übernächsten oder dem überübernächsten Berg sitzen.

So liefen die Dorfbewohner nächtelang dem Mond immer weiter hinterher, von einer Bergspitze zur anderen Bergspitze. Und jedes Mal, wenn sie oben angekommen waren, war der Mond nicht mehr auf seinem Platz. Enttäuscht, todmüde, erschöpft, mutlos und traurig kehrten sie nach Hause zurück.

Nach diesem Erlebnis versuchten die Dorfbewohner nie wieder, den Mond zu fangen, und sahen ein, dass er seinen Platz hoch oben am Himmel hat, mal auf den Bergspitzen, mal zwischen den Tälern oder über den großen, weiten Wäldern – sein Platz war und ist am Himmel und nicht bei den Menschen.

1. Kreativkopf: Einen Märchen-Wandfries anfertigen

Material: Zeichenpapier, Wasserfarben oder Wachsfarben, buntes Papier zum Basteln, Klebstoff, Obstnetz

Und so wird's gemacht: Illustriert die Geschichte mit einzelnen Bildern und ordnet diese zu einem Erzählfries an. Verwendet das Obstnetz als Fangnetz. Fügt einzelne Berge, Sterne und Wolken in die Bildzwischenräume ein.

2. Schlaukopf: Plakate zum Thema „Skandinavien" gestalten

Material: mehrere unterschiedliche Reiseprospekte, Abbildungen der Landkarten der skandinavischen Länder, Bilder aus dem Internet oder kopierte Fotos aus Reisebüchern, Plakatkarton, Schere, Klebstoff, Schnur

Und so wird's gemacht: Die Schüler schneiden alles aus, was es über die skandinavischen Länder oder Norwegen zu entdecken gibt. Sie kleben ein Bild der Landkarte mittig ein. Davon gehen Schnurlinien aus, denen Tiere, Pflanzen, die Landesfahne, Münzen, Postkarten, Briefmarken, Buchtitel usw. zugeordnet werden.

3. Spielkopf: Zu Gast beim Mondbären

Material: Augenbinde

Spiel: Auf dem Mond ist es dunkel und dort lebt der Mondbär. Ein Kind wird als Astronaut ausgewählt. Ihm werden die Augen verbunden, ein zweites Kind führt als Mondbär diesen Gast von fernen Galaxien durch das Klassenzimmer. Er gibt dabei Anweisungen wie „rechts", „links", „stopp", „seitwärts", „rückwärts" oder „ein Hindernis übersteigen". Am Ende erreichen sie die Mondfähre, der Astronaut steigt ein und nimmt die Augenbinde ab.

Tipp: Es können mehrere Mondbären und Astronauten gleichzeitig das Klassenzimmer blind erkunden.

4. Kochtopf: Mondberge aus Cornflakes herstellen

Zutaten und Material: Cornflakes ohne Zucker, helle und dunkle Kuchenglasur, zwei kleine Schüsseln, Alufolie, zwei Löffel, Topf, Herd, Wasserkocher oder Mikrowelle mit geeignetem Gefäß.

Und so wird's gemacht: Die Kuchenglasuren werden im Wasserbad geschmolzen. Die Cornflakes werden in die Schüsseln gegeben, mit flüssiger Schokolade übergossen und mithilfe der Löffel gut vermischt. Danach werden mit einem Löffel kleine Nester auf Alufolie gesetzt, diese lässt man etwas antrocknen und schichtet sie abwechselnd zu Mondbergen aufeinander.

Tipp: Verwenden Sie für einige Mondberge nur schwarze Schokolade.

Alternative: Kleine dunkle Mondberge werden geformt, die Spitze wird mit weißer Glasur als Schnee gestaltet.

6. Warum die Fische blubbern

Ein Märchen aus Mazedonien

Worum geht es in dem Märchen?

Ein Fisch lernt die Sprachen verschiedener Tiere, ist aber mit dem, was er kann, nie zufrieden. Jedes Mal wenn er eine neue Tiersprache hört, macht er sie sich zusätzlich zu eigen. Unersättlich möchte er immer mehr und mehr, bis er sich eines Tages an einer Sprache verschluckt. Seitdem blubbern die Fische nur noch lautlos.

Worum geht es wirklich?

Wer unersättlich ist und nur haben und haben möchte, kann sich leicht übernehmen. Dabei läuft er Gefahr, alles zu verlieren. Manchmal wären Bescheidenheit, Zufriedenheit und weniger Neid besser – das lernen die Kinder aus dem Märchen.

Unterrichtstipps im Überblick:

- **Kreativkopf:** Fische aus Papier falten
- **Schlaukopf:** Die Vielfalt der Fischarten entdecken
- **Spielkopf:** Fische fangen
- **Kochtopf:** Dekoratives „Fischbrot" ohne Fisch zubereiten

Warum die Fische blubbern

Ein Märchen aus Mazedonien

Jedes Tier hatte bei der Erschaffung der Welt seine eigene Sprache erhalten. Der Hund bellte, die Katze miaute, der Hahn krähte, das Pferd wieherte, die Ente schnatterte, die Biene summte, der Wal sang und der Delfin klickerte. Alle Tiere waren mit ihrem ganz persönlichen Gesang und ihrer Sprache zufrieden, probierten sie aus, einzeln oder in Gruppen, und es entstand ein herrliches, stimmgewaltiges und faszinierendes Durcheinander, eben ein fantastischer Tierchor.

Nur die Fische hatten keine eigene Sprache zugeteilt bekommen. Zuerst machte ihnen das gar nichts aus, sie fanden es sogar gut. So war es bei ihnen wenigstens leise und man konnte sich von all dem Gefiepse, Geschnatter, Gekeckere, Gebrülle oder Gezwitschere ausruhen. Doch mit der Zufriedenheit und Bescheidenheit der Fische war es eines Tages schlagartig vorbei.

Und das kam so: Als ein Fisch an einem Sonntagmorgen im Frühjahr dicht am Ufer eines Flusses entlang schwamm, hörte er eine Ziege fröhlich meckern. Der Fisch sprang in einem hohem Bogen kurz aus dem Wasser und dachte: „So schön möchte ich auch gerne meckern können." Er probierte es sofort aus. Wenig später hörte er in einem Garten ein Huhn scharren und fröhlich gackern. „Hm, das würde mir auch gut gefallen." Also meckerte und gackerte er nacheinander. „Das hört sich ja ganz prächtig an", dachte der Fisch.

Am anderen Morgen hörte er direkt über seinem Kopf eine Biene summen. „Wie schön diese Sprache klingt", rief er begeistert aus, „auch diese würde mir sehr gefallen." Und sofort meckerte, gackerte und summte er los. „Das hört sich wunderschön an." In diesem Augenblick kam

ein Reiter des Weges entlang, das Pferd galoppierte und wieherte freudig auf. „Wow, das klingt ja toll, das versuche ich auch sofort“, meinte der Fisch. Und sogleich erprobte er seine neue Kunst: Er meckerte, gackerte, summte und wieherte hell entzückt. Doch der Fisch hatte immer noch nicht genug.

Da streckte ein Igel seine kleine schwarze Nase in das Wasser und der Stachelritter spiegelte sich darin. Der Fisch kam näher und erschrocken lief der kleine braune Igel keckernd weiter. „Das klang aber ungewöhnlich und interessant“, japste der Fisch. Diese Sprache passt gut in meine Sammlung. Und sofort probierte er sie aus: Er meckerte, gackerte, summte, wieherte und keckerte munter drauflos. Und das hörte sich nun so an: „Meckmeckmeck, gagagagack, sssss, hühühüüüü, keckerdikeck.“ Zufrieden rief er: „Was bin ich doch für ein sprachbegabter Fisch geworden“, und sofort erklang sein Sprachkauderwelsch.

Eine kleine Maus huschte durch das Gras und eine kleine Katze jagte hinter ihr her. Die Maus fiepte erschrocken und die Katze miaute hungrig. „Das hört sich auch toll an, diese Sprachen würden mir auch gut gefallen.“ Und sofort probierte es aus: „Meckmeckmeck, gagagagack, sssss, hühühüüüü, keckerdikeck, fipsifipsi, miaumiau.“ Doch der Fisch hatte noch immer nicht genug.

Und da geschah das Unglück. Gerade als ein Fischreiher seinen langen, spitzen Schnabel vorsichtig ins Wasser streckte und der Fisch die Sprachen von Ziege, Huhn, Biene, Pferd, Igel, Maus und Katze als besonderen Gesang innbrünstig erprobte, konnte er in der letzten Sekunde dem zum Fressen geöffneten Schnabel gerade noch ausweichen: „Meckmeckmeck, gagagagack, sssss, hühühüüüü, keckerdikeck, fipsifipsi, mi...“ – und nun verschluckte er sich ausgerechnet am letzten Miau der Katze. Seit dieser Zeit können die Fische nur noch blubbern – und das ist auch heute noch so.

1. Kreativkopf: Fische aus Papier falten

Material: quadratisches Falt- oder Geschenkpapier, buntes Papier zum Basteln, Klebstoff, Farben zum Ausgestalten

Und so wird's gemacht: Die Kinder setzen die einfache Faltanleitung um (siehe Foto). Sie gestalten die Vorderseite des Fisches farbenfroh und fügen ihre Kunstwerke auf einem Einzelblatt oder als Wandfries zum Bach, Fluss oder Meer als Gemeinschaftsarbeit zusammen.

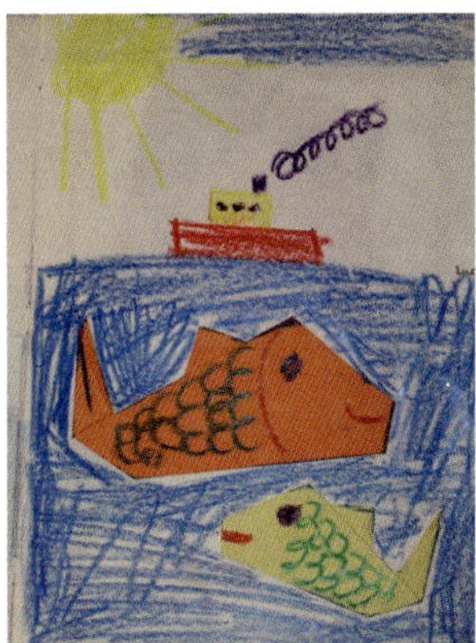

2. Schlaukopf: Die Vielfalt der Fischarten entdecken

Anhand von Büchern aus der Bücherei halten die Schüler Ausschau nach Fischen, versuchen sich ungewöhnliche Namen zu merken und bestaunen die Artenvielfalt. Jeder Schüler kopiert sich seine Lieblingsfische heraus, macht daraus einen Scherenschnitt oder malt diese selbst, bis sich als Endergebnis alle Fische auf einem großen Gemeinschaftsbild, zum Beispiel auf einem blauen Stofftuch, an der Wand zum großen Fischgeblubber treffen. Zu Lernzwecken können die Fische mit Namen beschriftet werden.

3. Spielkopf: Fische fangen

Eine Kindergruppe hält sich an den Händen fest und bildet ein breites Fischernetz. Im Raum, dem Meer, schwimmen die übrigen Kinder als Fische – einzeln oder als lange Fische aneinandergehängt. Die Netzkinder kreisen die Fischkinder ein. Wer gefangen wird, hängt sich an den Fischernetzenden an und wird zum Fischer, bis der letzte atemlose Fisch gefangen ist.

4. Kochtopf: Dekoratives „Fischbrot" ohne Fisch zubereiten

Zutaten und Material: Brotscheibe, Streichkäse, Essiggurken, Radieschen, Salatblatt, 1 Traube, Teller, Messer

Und so wird's gemacht: Die Brotscheibe wird mit Streichkäse bestrichen und im Wechsel mit Gurken- und Radieschenscheiben belegt, sodass sie sich überlappen. Flossen aus Salat werden untergeschoben und ein Traubenauge eingesetzt.

Alternative: Der Fisch wird aus einer Kiwi gestaltet. Diese wird waagrecht gelegt, dann werden ein Wackelauge und aus Papier Flossen und Schwanz mit Lebensmittelkleber aufgeklebt.

7. Das Geschenk der Sonne

Ein Mapuche-Indianermärchen aus Südchile

Worum geht es in dem Märchen?

Als Sonne und Mond noch Geschwister sind, arbeiten sie gemeinsam am Himmel. Der Mond aber ist ein Faulpelz und neidisch auf die Sonne, die auf der Erde Geschenke erhält. Der Mond geht auch zur Erde, will aber nur stehlen und wird schwer bestraft. Würde ihm die Sonne nicht immer wieder sein Leben retten – wer weiß, ob es ihn heute noch gäbe?

Worum geht es wirklich?

Missgunst und die Verweigerung von Aufgaben aus Bequemlichkeit können im schlimmsten Fall sogar Geschwister und Freunde auseinanderbringen und eine Freundschaft zerstören.

Unterrichtstipps im Überblick:

- **Kreativkopf:** Indianerzelte aus Tonpapier basteln
- **Schlaukopf:** Chile erkunden und eine Indianerschrift erfinden
- **Spielkopf:** Eine Reise mit dem Indianer Illampata
- **Kochtopf:** Birnen- und Kiwi-Indianer herstellen

Das Geschenk der Sonne

Ein Mapuche-Indianermärchen aus Südchile

Vor langer Zeit, da wohnten Sonne und Mond gemeinsam am großen, weiten Himmel. Damals war die Sonne noch ein junges und unerfahrenes Kind. So machte sie ihren täglichen Sonnenspaziergang über den unendlich weiten Himmel. Manchmal blieb sie stehen oder ruhte sich aus. Einmal schlief sie ein und hatte aus Versehen mit ihren heißen Strahlen an einer Stelle die Erde braun verbrannt. Das war der Tag, als auf der Erde die Wüste entstand. Ein andermal schritt sie gedankenverloren immer höher in den Himmel hinauf. Auf der Erde entstanden gewaltige Schneestürme, es wurde bitterkalt, mächtige Eisberge türmten sich auf und das Land wurde unter einer dicken Schneeschicht begraben. So entstanden die vom ewigen Eis bedeckten Länder und die Gebiete am Nordpol und Südpol.

Allmählich wurde die Sonne erwachsen, sammelte täglich neue Erfahrungen und wurde klug. „Nun mache ich die Erde fruchtbar!“, rief sie. „Ich werde meine warmen Sonnenstrahlen auf eine lange Erdenreise senden“, rief sie zufrieden. Menschen und Tiere freuten sich über ihre goldene Wärme, die Früchte der Bäume und der Felder gediehen prächtig und die Erdenbewohner wollten sich bei der Mutter allen Lebens bedanken und riefen: „Mutter Sonne, steige herab, wir wollen uns bedanken.“ Die Sonne stieg von ihrem Himmelsthron und nahm einen großen Korb mit den Früchten der Bäume und Felder entgegen.

Der Mond aber war ein echter Faulpelz. Er verschlief den Tag und vernachlässigte seine Aufgabe, jede Nacht zu leuchten, damit sich Tiere und Menschen auf der Erde nicht fürchten. Die Sonne ermahnte ihn, der Mond murrte zurück: „Was gehen

mich die Erdenbewohner an", drehte sich auf seiner Wolkenbank zur Seite und schlief weiter. Alles Ermahnen der Sonne hatte keinen Erfolg. Bei einem erneuten Erdenbesuch traf die Sonne sich mit den Moskitos. Sie überreichten ihr als Dank für ihr Licht perlengleiche, süß duftende, klitzekleine Früchte. Und der Mond sprach neidisch: „Wer hat dir diese Geschenke überbracht und wofür?" „Die Moskitos", entgegnete die Sonne freundlich und ruhig.

Klammheimlich stieg nun der Mond auf die Erde, um die Moskitos zu besuchen. Er achtete weder auf den Weg noch auf die kleinen, am Wegrand reifenden Moskitofrüchte. „Kannst du nicht aufpassen, wo du hintrittst!", fauchten ihn die schwirrenden Moskitos zornig an. „Du hast unsere ganze Ernte zertrampelt!" Eine schwarze Wolke aus Millionen kleiner Moskitos hüllte ihn ein und sie zerstachen ihn schrecklich. „Hilfe, Hilfe!", schrie der Mond schmerzerfüllt und rannte um sein Leben. Die Schwester Sonne pflegte den Mond wieder gesund. Doch gelernt hatte er nichts, er verweigerte jegliche Arbeit am Himmelsrand.

Und auch beim nächsten Mal blickte er neidisch auf die Geschenke der Sonne. „Von wem hast du diese wundervollen Erdengaben?", rief er erzürnt. „Von den Enten", meinte die Sonne und strahlte. „Aus den Eiern bereite ich uns ein leckeres Omelette zu", meinte sie. Nach dem gemeinsamen Essen ging der Mond heimlich zurück auf die Erde. Wütend schimpfte er: „So eine Unverfrorenheit, mich nicht einzuladen, ich bin der Bruder der Sonne, ich erwarte auch eine Belohnung." Vorsichtig pirschte er sich an die Enten heran. Sie saßen auf ihren Nestern und er hörte, wie sie sich auf ihren Nachwuchs freuten. „Na wartet, euch wird das Brüten schon vergehen." Leise schlich er sich in den Entenstall, verscheuchte die Enten und stahl ihre Eier. „Du Eierdieb!", schnatterten sie wütend, hackten mit ihren spitzen Schnäbeln unerbittlich auf ihn ein, bis er mit Wunden übersät war und ohne Eier in den Himmel zurück-

kehrte. Die Narben, die der Mond damals davontrug, kann man heute noch bei Vollmond in seinem Gesicht von der Erde aus erkennen.

Und abermals war die Sonne einer Einladung zur Erde gefolgt, machte den Fischen ihre Aufwartung und erhielt frisch gezupftes Teichgrün und Flusslinsen. Der Mond hatte alles beobachtet und er beschloss, zu den Fischgewässern zu reisen, um die undankbaren Fische zu bestrafen. Als die Sonne zurückkam, sah sie, dass der Mond nicht zu Hause war. Ein Blick auf die Erde genügte und sie eilte ihm nach. In diesem Moment beugte sich der Mond in den Fluss, um das zu angeln, was er besitzen wollte. Doch die Piranhas hatten ihn längst entdeckt, stürzten sich zu Hunderten auf ihn und fraßen ihn fast auf. In letzter Minute konnte die Sonne ihren Bruder retten.

Doch dieses Mal wollten die Wunden nicht heilen. „Ich setze eine Belohnung aus für denjenigen, der mir eine heilende Medizin für meinen schwer kranken Bruder Mond bringt", verkündet die Sonne im Himmelsgebiet und auf der Erde. Diese Nachricht hörte ein berühmter Medizinmann und er beschloss, der Sonne beizustehen. Mutig kletterte er den hohen, seltsamen, einzeln stehenden Baum hinauf, seine Äste reichten bis an den fernen Himmelsrand. Alle Dorfbewohner versammelten sich unter dem Baum. „Klettere nicht den Himmelsbaum hinauf, du wirst nie wieder auf die Erde zurückkehren können", riefen sie beschwörend. Bald erreichte er den Himmelsrand und kehrte nie mehr zurück. Doch dann geschah das Wunder: Plötzlich erschien der Mond rund und kerngesund am Himmel und sein weiches, warmes Licht strahlte durch die Nacht.

Endlich war der Mond vernünftig und erwachsen geworden und regierte am Nachthimmel. Seine Schwester und er hatten sich geeinigt. Von nun an gehörte der Sonne der Tag, dem Mond gehörte die Nacht.

1. Kreativkopf: Indianerzelte aus Tonpapier basteln

Material: Tonpapier, Farben, 5 Schaschlikspieße, Schere, Klebstoff, Bleistift, Zirkel oder Teller

Und so wird's gemacht: Ein Halbkreis wird mithilfe des Zirkels oder des Tellers auf das Tonpapier gezeichnet, zugeschnitten und mit Mustern bemalt. Für die Tür wird eine Öffnung hineingeschnitten, oben wird ein Halbrund für die Feueröffnung herausgeschnitten. Auf der Rückseite werden fünf Stäbe aufgeklebt und zu einer „Tüte" zusammengeklebt.

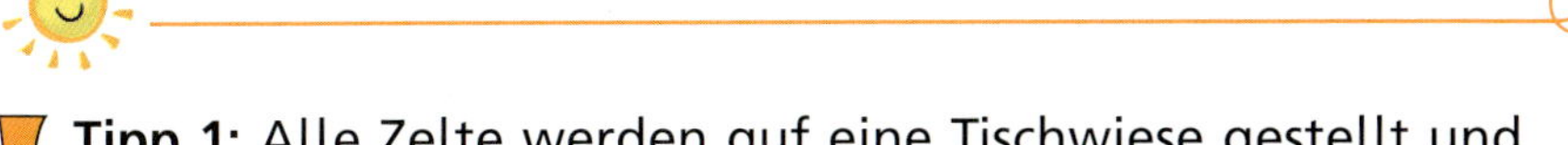

Tipp 1: Alle Zelte werden auf eine Tischwiese gestellt und können dort bewundert werden.

Tipp 2: Sie können mit den Kindern ein Indianerstirnband aus festem Papier herstellen und sie mit diesem Kopfschmuck einen Indianertanz um die Zelte aufführen lassen.

2. Schlaukopf: Chile erkunden und eine Indianerschrift erfinden

Vorschläge für Aufgaben und Fragen:

- Schau auf dem Globus, im Atlas nach: Warum sagt man zu Chile „Lindwurm"?
- In welchem Erdteil liegt Chile?
- Wo findet man weitere Indianerstämme?
- Erfinde Indianer-Schriftzeichen und schreibe damit einen Brief.

3. Spielkopf: Eine Reise mit dem Indianer Illampata

Lesen Sie Zeile für Zeile vor, die Kinder machen pantomimisch die entsprechenden Bewegungen.

- Illampata wird wach. *(Alle räkeln und strecken sich und gähnen.)*
- Dann zieht er sich an. *(T-Shirt, Hose, Mokassins, Indianerstirnband werden angezogen.)*
- Nun muss Illampata die Ziege melken. *(Sie melken.)*
- Dann kocht er seinen Hirsebrei. *(Sie kochen und essen.)*
- Und er trinkt die Ziegenmilch dazu. *(Sie schlürfen und trinken.)*
- Nun geht er schwimmen. *(Sie ziehen sich aus und schwimmen.)*
- Dann fängt er Fische. *(Sie werfen Angeln aus und ziehen den Fisch heran, braten und essen ihn.)*
- Nun reitet er über die Pampa. *(Sie reiten.)*
- Endlich kommt er müde zu Hause an. *(Sie gähnen, legen den Kopf auf den Tisch.)*
- Und schon ist er eingeschlafen. *(Sie schnarchen.)*
- Wir sprechen beschwörend den Gute-Nacht-Gruß:

Lehrer	**Klasse**
„Illampata, Illampata	„Illampata, Illampata
Watama, tatum tata	Watama, tatum tata
Ojantaitumba, wicki tam tam“	Ojantaitumba, wicki tam tam“

Tipp: Erzählen Sie die Geschichte in umgekehrter Reihenfolge.

4. Kochtopf: Birnen- und Kiwi-Indianer herstellen

Zutaten: Kiwi, Birne, Wackelaugen, Feder, Perle, Band, Klebstoff

Und so wird's gemacht: Die Kinder geben dem Obst mit den Wackelaugen ein Gesicht, passen geben das Band als Kopfschmuck an und kleben es zu einem Ring zusammen. Dann stecken sie die Feder ein.

8. Wie der neidische Nachbar versuchte, einen Drachen hereinzulegen

Ein Märchen aus Thailand

Worum geht es in dem Märchen?

Einem armen Holzfäller entgleitet seine Axt und fällt in den Fluss. Der Flussdrache bietet ihm Hilfe an und holt drei Äxte herauf. Der Holzfäller ist ehrlich und sagt, dass die silberne und goldene Axt nicht ihm gehören. Zur Belohnung darf er die wertvollen Stücke behalten. Ein neidischer Nachbar hört die Geschichte und geht zum Fluss, um auch reich zu werden. Der Drache durchschaut ihn und zieht ihn zur Strafe als verwandelten Fisch in den Fluss.

Worum geht es wirklich?

Die Kinder werden zum Nachdenken angeregt, was Neid auslösen kann und ob Neid wirklich glücklicher und zufriedener macht. Ehrlichkeit wird belohnt, vielleicht nicht immer materiell wie hier, aber auf jeden Fall mit Zuneigung und Freundschaft.

Unterrichtstipps im Überblick:

- **Kreativkopf:** Einen Fächerball-Drachen basteln
- **Schlaukopf:** Eine Collage mit Texten zu Thailand anfertigen
- **Spielkopf:** Elefantenjagd
- **Kochtopf:** Einen Gurkendrachen herstellen

Wie der neidische Nachbar versuchte, einen Drachen hereinzulegen

Ein Märchen aus Thailand

Weit weg von uns, am anderen Ende der Welt, wohnte am Rande eines kleinen Dorfes im Dschungel ein armer Holzfäller in seiner bescheidenen Hütte. Jeden Morgen stand er in aller Frühe auf, setzte seinen gelben Reisstrohhut auf, schulterte seine frisch geschliffene Axt und begab sich zum Fluss. Dort schlug er lange Bambusstangen, bündelte sie, und seine Frau eilte zum Markt, um sie zu verkaufen. Vom Verkaufserlös konnten sie sich Gemüse und Reis kaufen.

Eines Tages machte sich der Holzfäller wieder auf den Weg zum Fluss. Heute wollte er Holz fällen. Er entdeckte direkt am Ufer einen nicht zu dicken Baum: „Der reicht uns, um Feuer zum Kochen zu machen, und den Rest verkaufe ich auf dem Markt als Brennholz“, rief er zufrieden. Mit einem mächtigen Schlag wollte er den Baum fällen, also holte er weit aus, verfehlte aber den Stamm um Haaresbreite. Die Wucht war groß, die Axt wurde im hohen Bogen in den gelbgrünen Fluss geschleudert und versank. Der Holzfäller blieb wie angewurzelt stehen, rannte ans Flussufer, um seine kostbare Axt zu retten, doch vergeblich. Sie war versunken.

„Nein!“, rief der Mann fassungslos. Sein unersetzliches, einziges Arbeitsgerät hatte der Fluss verschluckt. „Was soll ich tun?“, jammerte er verzweifelt. Entsetzt setzte er sich ans Ufer. „Wir haben kein Geld, um eine neue Axt auf dem Markt zu erstehen“, flüsterte er tonlos. Wovon sollen wir nun leben?“ Plötzlich stand ein alter, gebeugter, kleiner, freundlicher Mann neben ihm. Der Holzfäller kannte ihn nicht, es musste ein Fremder sein. Dieser beugte sich wortlos zu ihm hinunter, als er im Gras kauerte, und berührte behutsam seine Schultern. „Was ist dir den Schreckliches passiert, dass du so weinen musst und so traurig schaust?" Er sah den alten Mann an und antwortete mit tonloser Stimme: „Meine Axt ist mir beim Holzschlagen aus der Hand geglitten und im Fluss versunken, ich kann kein Holz mehr fällen und weiß nicht, wovon wir nun leben sollten!" Der alte Mann erwiderte bedächtig: „Das ist sehr schlimm, aber ich kann dir helfen. Ich bin ein guter Drache und hole dir dein Arbeitsgerät vom Grunde des Flusses herauf."

Der alte Mann stieg in den Fluss, verwandelte sich in einen Drachen, tauchte wieder auf und reckte eine goldene Axt in die Luft. „Ist dies deine Axt?", rief er. „Aber nein", antwortete der Holzfäller, „ich hatte keine goldene, sondern eine Eisenaxt." Der Flussdrache tauchte erneut unter und hielt dieses Mal eine silberne Axt in der Hand. Und der Holzfäller rief: „Nein, diese Axt gehört mir auch nicht." Wortlos tauchte der Drache zum dritten Mal auf den Grund des Flusses und reckte die eiserne Axt in die Höhe. „Ja genau, dies ist meine Axt, ich werde deine Hilfe nie vergessen."

Er eilte auf den Drachen hinzu, nahm sein Axt, und als der Drache bereits untergetaucht war, rief er ihm dankbar nach: „Danke, du hilfsbereiter Drache." Da tauchte der Flussdrache abermals auf und rief zufrieden: „Weil du so ehrlich und bescheiden warst, schenke ich dir die silberne und die goldene Axt." Und er legte diese ans Ufer des Flusses, tauchte ab und war verschwunden. Überglücklich eilte der Holzfäller nach Hause und berichtete alles, was geschehen war. Die Geschichte sprach sich wie ein Lauffeuer im Dorf herum. Mit offenem Mund lauschten die Leute seinem Bericht und freuten sich über sein ungewöhnliches Glück.

Doch sein Nachbar platzte fast vor Neid. „So einfach kann man reich werden? Was soll ich mich da noch mit meinen Arbeitselefanten im Urwald herumplagen?", flüsterte er leise. Er verließ den Dorfplatz, eilte in seine Hütte, schnappte sich eine alte, kaputte Axt, lief zum Fluss, er rieb sich seine Hände, holte aus und schleuderte die Axt weit in den Fluss hinein. Nun nahm er am Ufer Platz und klagte laut: „Oh, welch großes, entsetzliches Unglück hat mich ereilt! Wie soll ich meine Frau und meine zehn Kinder ernähren?" Vorsichtig blinzelte er durch seine Finger und stellte hocherfreut fest, dass sein Jammern erfolgreich war.

Neben ihm stand der alte Mann und fragte ihn nach seinem Unglück. Da tischte er ihm seine Lügengeschichte auf, heulte dabei wie ein Schlosshund und schluchzte herzerweichend. „Ich kann dir helfen", sprach der alte Mann, stieg in den Fluss, verwandelte sich in einen Drachen und tauchte wenige Augenblicke später mit einer in der Sonne verführerisch funkelnden goldenen Axt auf. „Ja genau, das ist meine Axt", rief der neiderfüllte Nachbar und murmelte leise: „Was bin ich doch für ein hervorragender Schauspieler", schnappte nach der Axt und wollte wegrennen. Da wurde der Flussdrache sehr zornig und schrie: „Du bist ein Lügner", griff blitzschnell nach seinem Hosenbein und zog ihn ins Wasser. „Von nun an sollst du in meinem Flussreich stumm unter den Fischen leben", rief der Drache. Noch im selben Augenblick verwandelte sich der Lügennachbar in ein blaues Fischchen und schwamm davon.

Im Dorf suchte man lange vergeblich nach dem vermissten Nachbarn. Der Holzfäller aber verkaufte seine kostbaren Äxte und berief alle Dorfbewohner auf den Versammlungsplatz ein. „Ich bin unverdient reich geworden und wie es in unserem Land Tradition ist, will ich mein Glück mit euch teilen. Jede Familie hat einen Wunsch frei." Und so geschah es. Die alte Axt begleitete den Holzfäller durch sein ganzes Leben und machte ihn und seine Familie glücklich, denn der Segen des Drachen lag unsichtbar über dem Dorf.

1. Kreativkopf: Einen Fächerball-Drachen basteln

Material: Tonpapier oder Faltpapier, Becher, Bleistift, Schere, Klebstoff, Wackelaugen, Hefter

Und so wird's gemacht: Das Papier wird in mehreren Farben aufeinandergelegt, ein Becher wird daraufgestellt, mit dem Bleistift umfahren und alle Kreise zugleich zuschnitten. Als Bauchkreise werden sie aufeinandergelegt, mittig gefaltet und geheftet und dann zu einem Fächerball geöffnet. Kopf, Pfoten, Ohren, Nase und Schwanz werden zuschnitten und zusammen mit den Wackelaugen angeklebt. Zum Schluss wird der Mund aufgemalt.

2. Schlaukopf: Eine Collage mit Texten zu Thailand anfertigen

Laden Sie jemanden in die Klasse ein, der aus Thailand stammt oder schon einmal in Thailand war und über dieses Land berichtet. Leihen Sie Bildbände über Thailand aus und zeigen Sie sie den Kindern. Auf diese Weise können Sie ihr Wissen erweitern und sie neugierig auf das Land, seine Kultur und seine Menschen machen. Lassen Sie die Kinder eine gemeinsame Wandcollage basteln, mit Bildern aus dem Internet oder aus Zeitschriften, die auch gern mit den Eltern gemeinsam zu Hause gesammelt werden können. Oder fertigen Sie, inspiriert durch die Bildbände, gemeinsam einen großen Wandfries an, der Texte und Malereien enthält.

3. Spielkopf: Elefantenjagd

Material: Softball

Spielanleitung: Alle Schüler bilden einen Stehkreis, den „Urwald", und sind gleichzeitig Elefantenjäger, die Elefanten für die Holzfällerarbeiten einfangen müssen. In der Mitte stehen ein oder mehrere Elefanten. Die Elefantenjägerwerfen sich gegenseitig den Ball zu oder geben ihn weiter. Unvermittelt versucht ein Jäger, einen Elefanten abzuschießen. Diese sollten genau beobachten und mit geschickten Ausweichmanövern reagieren. Wer abgeworfen ist, wird Arbeitselefant und scheidet aus. Derjenige, der zuletzt im Kreis übrig ist, hat gewonnen.

4. Kochtopf : Einen Gurkendrachen herstellen

Zutaten und Material: ungeschälte Gurke, Käse, Wiener Würstchen, Möhre, Radieschen, Schneidebrett, Zahnstocher, Teller, Messer

Und so wird's gemacht: Die gewaschene Gurke wird in dicke Scheiben geschnitten, für den Kopf muss ein größeres Stück übrig gelassen werden. Das Würstchen wird in Rädchen geschnitten, eine Würstchennase, Radieschenaugen, eine Möhrenzunge sowie Käsedreiecke werden vorbereitet. Zwischen die Gurkenscheiben wird mithilfe von Zahnstochern jeweils eine Wurstscheibe gesteckt. Radieschenaugen, die Würstchennase und die Zunge werden befestigt und die Käsedreiecke als Stachelrücken aufgesteckt. Nun schlängelt sich das beinlose Kriechtier genüsslich über den Tisch.

Tipp 1: Die Gurkendrachen sehen auf Salatblattrasen sehr interessant aus.

Tipp 2: Aus kleineren Einlegegurken und Radieschenscheiben können Kinderdrachen gestaltet werden.

9. Die blinde Schlange und der stumme Regenwurm

Ein Märchen aus Kolumbien

Worum geht es in dem Märchen?

Der Regenwurm möchte sprechen können, die Schlange wünscht sich, die Welt zu sehen. Eine Grille tritt als Helfer auf und arrangiert einen Stimmentausch zwischen den beiden. Doch dann verschluckt sie blitzschnell die auszutauschende Stimme und verschwindet damit. Zurück bleibt ein tief enttäuschter blinder und stummer Regenwurm.

Worum geht es wirklich?

Wie das Märchen lehrt, darf man Versprechungen nicht immer glauben, denn nicht alle Beteiligten sind auch ehrlich. Versprechen werden oft gebrochen, das erlebt jeder Mensch, jedes Kind allzu oft. Wie fühlt man sich dabei und danach und wie geht man mit dem Ergebnis um? Die Kinder können darüber sprechen, diskutieren und berichten, um Lösungen zu finden.

Unterrichtstipps im Überblick:

- **Kreativkopf:** Ein buntes Schlangennest-Bild malen
- **Schlaukopf:** Interviews zum Thema Glück durchführen
- **Spielkopf:** Das Ringelschlangen-Spiel
- **Kochtopf:** Schlangen und Regenwürmer aus Gemüse und Würstchen zubereiten

Die blinde Schlange und der stumme Regenwurm

Ein Märchen aus Kolumbien

Vor langer, langer Zeit lebten alle Tiere friedlich miteinander und verständigten sich mit einer einzigen Sprache. Und jedes hatte seine speziellen Gewohnheiten: Die Vögel zwitscherten, das Eichhörnchen sprang von Ast zu Ast, die Affen turnten wie die Weltmeister in den hohen Urwaldbäumen. Die Schnecke fand sich viel zu langsam und die Eintagsfliege beschwerte sich, dass sie nur einen Tag Lebenszeit zugesprochen bekommen hatte.

Die Schlange fühlte sich gleich doppelt benachteiligt, sie hatte keine Beine und blind war sie obendrein. Das fand sie sehr ungerecht und sie löcherte die anderen Tiere durch ihre unendliche Fragerei. Lief jemand an ihrem Schlangennest vorbei, richtete sie sich zischelnd auf und fragte: „Kannst du mir sagen, wie groß ein Regentropfen ist?", oder: „Sag mir, lieber Unbekannter, welche Farbe hat die Luft, die so wunderbar nach Frühling schmeckt?" Und sie versuchte sich das Gehörte vorzustellen. „Ist der Wind groß oder klein und hat er Hände, wenn er über meinen langen Schlangenkörper streift?" „Der Wind hat keine Arme und ist unsichtbar, niemand kann ihn berühren", wisperte der vorbeitanzende Schmetterling.

Sie fragte das knubbelige, graue Warzenschwein: „Sag mir geschwind, wie groß ist der Himmel?" Doch dieses schnüffelte empört: „Woher soll ich das denn wissen?" „Welche Farbe hat die Musik?", fragte sie neugierig zwei über ihr herumtobende Affenkinder. Die schwangen sich zur nächsten Liane und schon waren sie den neugierigen Fragen der Schlange entronnen.

Nachdenklich und traurig schlängelte sie sich in ihr Grasnest zurück und begann zart und leise zu singen. Mit ihrer zauberhaften Stimme zog sie alle Tiere in ihren Bann. Sie eilten zum Schlangennest, hockten sich in die Bäume, wippten auf den Blumen und genossen den bezaubernden Gesang der Schlange. Je trauriger die Schlange war, umso schöner und heller war ihr Lied und sie beeindruckte sogar die beste Sängerin der Welt, die tirilierende Nachtigall.

Nicht weit vom Schlangennest entfernt lebte unter einem dicken, breiten Strauch ein langer rotbrauner Ringelwurm. Er konnte nicht sprechen und niemandem ein Frage stellen. Darüber war er oft traurig und wünschte sich nichts so sehr, als sprechen zu können. Eine zirpende Grille beobachtete ihn und sprach ihn einfach an. „Bist du traurig, weil du nicht so wunderschön singen kannst wie unsere Schlange?", meinte sie und rieb zirpend ihre langen, schlanken Beine aneinander. Da kullerten dem sprachlosen Wurm klitzekleine Tränen über seine Wangen und blitzschnell zog er sich ins Erdreich zurück.

Am Ende des Schlangenkonzerts klatschen die Tiere begeistert mit ihren Flügeln und Tatzen, schlugen mit den Schwänzen auf die Erde, bis sie bebte. „Ich würde alles dafür geben, wenn ich nur für einen Augenblick die wunderbare, farbenreiche Welt sehen könnte", zischelte die Schlange.

Auch die Grille hatte andächtig dem Konzert gelauscht und sprach zu der blinden Schlange: „Ich hätte da eine Idee, dir deinen Wunschtraum zu erfüllen. Mein Nachbar dort drüben unter dem Busch ist ein Wurm mit wunderschönen schwarzen Augen. Sein größter Wunsch wäre, sich zu unterhalten und endlich über seine Sorgen und das Leben zu sprechen. Er wünscht sich eine Stimme, und wenn es nur für einen Tag wäre. Die Schlange hatte sich steif aufgerichtet, schwenkte begeistert ihren Kopf hin und her und jauchzte zischelnd: „Welch wunderbare Idee!" Die Grille antwortete: „Ihr beide müsst nur eure Wünsche tauschen." „Aber wie willst du diesen Tausch organisieren?", fragte die Schlange. „Der Wurm ist stumm und ich bin blind? Wie soll das gehen?“ Die Grille zirpte. „Ich habe schon eine geniale Idee. Lass mich machen.“ Sofort eilte die flinke Grille zum Eingang der Wurmhöhle, streckte ihren Kopf hinein und rief begeistert: „Wurm, komm heraus, ich kann dir deinen Herzenswunsch erfüllen.“ Und mit klopfendem Herzen lauschte er dem Bericht der Grille und war mit ihrem Plan sofort einverstanden.

„Umsonst ist dieser Tauschhandel natürlich nicht. Ich verlange eine winzige Kleinigkeit: Du musst mir für einen Augenblick deine neue Stimme, also die Stimme der Schlange, ausleihen, damit ich ein einziges Mal zu meiner Grillenbein-Musik auch singen kann.“ Der Wurm konnte natürlich nichts sagen. Was blieb ihm auch übrig, er musste dieser Bedingung zustimmen. Er nickte zustimmend mit dem Kopf. Die Schlange kroch heran und der Tauschhandel wurde besiegelt.

Als die Schlange gerade dem Wurm ihre bezaubernde, zarte Stimme überreichen wollte, griff die Grille blitzschnell zu, verschluckte die Stimme und begann sofort zu trällern und zu jubilieren. Sie war so entzückt von ihrer Sangeskunst, dass sie einfach nicht aufhören konnte. Sie sang und sang und sang, den ganzen Abend, die Nacht hindurch ohne Unterbrechung. Sie sang, als ginge es um ihr Leben. Die Schlange, die von diesem Trick keine Ahnung gehabt hatte, war empört und wollte dem Regenwurm zu seinem Recht verhelfen. Aber o Schreck, sie hatte ja keine Stimme mehr! Von der Schönheit und der Farbenpracht der Welt war sie so überwältigt, dass sie sich nicht sattsehen konnte. Und vor lauter Glück und Farbenrausch vergaß sie das Unglück des Wurmes.

Die Grille aber löste ihr Versprechen nicht ein, sie brachte weder am nächsten, übernächsten oder überübernächsten Tag dem Wurm die ausgeliehene Stimme zurück. Der Sommer verging, der Herbst zog ins Land und die Grille hatte ihr Versprechen längst vergessen. Der Wurm verfolgte die Grille, kroch ihr hinterher, ohne sie je zu erwischen. Blind und sprachlos

konnte er niemanden um Hilfe bitten und keinem von dem Betrug der Grille berichten. Er grub sich tief in die Erde hinein und verließ seine Erdwohnung nicht mehr. Nur nach einem kleinen Regenschauer kriecht er manchmal noch aus der Erde ans Licht, um sich in den im Gras glitzernden Regentropfen Trost zu suchen. Und seit diesem Ereignis heißt der Wurm nun Regenwurm, bis heute.

1. Kreativkopf: Ein buntes Schlangennest-Bild malen

Material: Zeichenpapier, farbige Kugelschreiber oder Filzstifte, Bleistift

Und so wird's gemacht: Die Kinder zeichnen Schlangenformen auf dem Blatt und ordnen die Schlangen so an, dass sie dabei unter- und übereinander kriechen. Für jede Schlange wird eine Farbe und ein Muster ausgewählt, mit dem sie ausstaffiert wird.

2. Schlaukopf: Interviews zum Thema Glück durchführen

Lassen Sie die Schüler eine Umfrage auf dem Schulhof oder in der Umgebung machen. Sie können sich Fragen zum Thema Glück ausdenken oder konkret fragen, welche Gefühle die Schlange des Märchens bei den Mitschülern auslöst. Die Antworten werden mit dem Handy oder einem anderen Aufnahmegerät festgehalten oder aber notiert. In der Klasse können Sie besprochen und ggf. auf einem Plakat z.B. in Form von Mindmapping festgehalten werden.

3. Spielkopf: Das Ringelschlangen-Spiel

Spielform: Alle Schüler fassen sich als Riesenschlange an den Händen an. Der Erste bildet den Schlangenkopf und die Klasse schleicht sich lautlos zwischen Stühle und Tische hindurch, bildet einen Kreis, kringelt sich zur Schnecke enger und enger zusammen und bewegt sich umgekehrt wieder zu einem Kreis auseinander.

4. Kochtopf: Schlangen und Regenwürmer aus Gemüse und Würstchen zubereiten

Zutaten und Material: Möhren, Essiggurken, Wiener Würstchen, Silberzwiebeln oder Rosinen für die Augen, Messer, Teller oder Schneidebrett, Zahnstocher

Und so wird's gemacht: Die Möhre, das Würstchen und die Essiggurken werden in dicke Scheiben geschnitten. Die Stücke werden mit den Zahnstochern zu einer Schlange oder einem Regenwurm zusammengesteckt, als Augen können Silberzwiebeln oder Rosinen verwendet werden.

Tipp: Lässt man die Würstchen weg, hat man ein vegetarisches, sogar veganes Tier.

10. Der Wettlauf zwischen Hase und Schildkröte

Ein Märchen aus Nigeria, das unserem „Der Hase und der Igel" entspricht

Worum geht es in dem Märchen?

Durch Schlauheit und eine List wird der schnelle, langbeinige Hase zum Verlierer und die gemächlich krabbelnde Schildkröte wird Sieger bei diesem seltsamen Wettlauf. Wird die Schildkröte den vereinbarten Wetteinsatz einfordern?

Worum geht es wirklich?

Genaues Nachdenken gepaart mit Einfallsreichtum kann manch schwieriges Problem lösen und man geht als Sieger gestärkt hervor. Ist man dagegen überheblich wie der Hase, täuscht man sich leicht und verliert.

Unterrichtstipps im Überblick:

- **Kreativkopf:** Schildkröten drucken
- **Schlaukopf:** Einen Märchenvergleich durchführen
- **Spielkopf:** Hasenschwänze wegpusten
- **Kochtopf:** Brote mit Hasengesichtern zubereiten

Der Wettlauf zwischen Hase und Schildkröte

Ein Märchen aus Nigeria

Vor langer, langer Zeit trafen sich einmal ein Hase und eine Schildkröte am Rande des Graslandes in Afrika. Die Schildkröte marschierte mit ihrem graugrünen Panzer ganz gemächlich und langsam auf ihren vier kleinen, krummen Stummelbeinchen am Rande ihres Grasfeldes, rupfte und zupfte genüsslich in aller Ruhe die leckersten Grashalme und Kräuterpflanzen mit ihrem zahnlosen Mund ab und verspeiste sie leise schmatzend. Da hoppelte ein Hase des Weges daher, beobachtete die Schildkröte schmunzelnd und wartete, bis sie ganz nahe bei ihm war. „Hallo, Schildkröte, schmeckt es?", rief er ihr mit überheblicher Stimme zu. „Lecker, lecker", antwortete die Schildkröte, ohne ihr Frühstücksritual zu unterbrechen.

Der Hase hatte aber Lust, die Schildkröte zu ärgern. „Na, wie geht es denn deinen kleinen, krummen Beinen? Dass du damit überhaupt laufen kannst! Du bist ja so langsam wie eine Schnecke. Sieh, wie ich mit meinen langen, schlanken Beinen spurten kann" Noch ehe die Schildkröte ein Sterbenswort sagen konnte, flitzte der Hase, seine lange Ohren anlegend, blitzschnell um die Schildkröte herum. Die Schildkröte mümmelte an ihrem saftigen Gras weiter und würdigte den Hasen keines Blickes. Das ärgerte ihn, er baute sich in voller Größe vor der Schildkröte auf, beugte sich zu ihr herunter und meinte spöttisch: „Na ja, mit so kleinen, krummen Beinen ist kein Staat zu machen. Wetten, dass du mich nie einfangen könntest?" Und nach einer kurzen Pause: „Also ich wette, dass ich jeden Wettlauf mit dir gewinne!"

Langsam hob die Schildkröte den Kopf und starrte ihn wütend mit ihren kleinen, schwarz funkelnden Augen an. „Was – du willst mit mir um die Wette laufen?", zischte sie den hochmütigen Hasen kurz an. „Warum denn nicht?", antwortete der Hase und rieb sich seine langen braunen Vorderpfoten. „Ja, warum denn nicht!", erwiderte die Schildkröte ohne Eile, „aber bei einem Wettlauf muss es ja auch etwas zu gewinnen geben!" Sie überlegte kurz und schlug mit ruhiger Stimme vor: „Ich setze alles, was ich besitze, dagegen." Amüsiert antworte der Hase: „Kein Problem, die Wette ist angenommen, Schildkröte, schlag ein!" Die beiden reichten sich die ungleichen Pfoten und jeder ging nach Hause, um sich vorzubereiten.

Die Hasenfrau bog sich vor Lachen, als ihr Mann von dieser Wette berichtete, und frohlockte über die kinderleicht zu erreichende Siegesprämie. Die Schildkröte kroch gemächlich nach Hause. Zu ihren Kindern sprach sie: „Wir werden einen kleinen Spaziergang unternehmen. Ich habe für euch eine wichtige Aufgabe." Mit Mama spazieren zu gehen war das höchste Glück der sechs kleinen Schildkröten.

An der ersten Weggabelung sagte die Schildkrötenmama zu ihrem jüngsten Kind: „Wenn morgen früh hier ein Hase vorbeirennt, stellst du dich hin und sagst nur: ‚Guten Morgen, lieber Hase.'" Es wiederholte den Auftrag, versteckte sich zwischen den Halmen und wartete auf den anbrechenden Morgen. Die anderen gingen weiter. Nach wenigen Minuten blieb die Schildkröte erneut stehen und sprach zum zweiten Kind: „Auch du übernachtest hier und rufst, wenn der Hase an dir vorbeiflitzt: ‚Guten Morgen, lieber Hase.'" Auch das zweite Kind wiederholte den Auftrag und verharrte an diesem Ort. So verteilte sie ihre Anweisungen an die restlichen Kinder. Endlich erreichte sie den großen grauen Stein, der als Zielmarkierung auserkoren war. Zum letzten Schildkrötenkind sprach sie: „Du bist das Älteste, du versteckst

dich hinter diesem Stein, und wenn der Hase angespurtet kommt, rufst du: ‚Gewonnen, ich bin schon da.'" Auch das letzte Schildkrötenkind wiederholte stolz seinen Auftrag und schlief ein. Dann begab sich die Schildkrötenmama zum vereinbarten Startpunkt.

Frau Hase meinte beim Möhrenfrühstück: „Wie lächerlich von der Schildkröte, sich mit dem schnellsten Hasen der Gegend auf diese Wette einzulassen!" Dann trafen sich Hase und Schildkröte an der verabredeten Stelle. Der Hase begrüßte seine Widersacherin mit spottender Stimme: „Na, gut geschlafen, liebe Schildkröte? Also, setzen wir uns in Position. Auf die Plätze, fertig, los!", und der Wettlauf begann. Der Hase flitzte gut gelaunt und siegessicher los. Die Schildkröte drehte nach wenigen Schritten ab, schlug den Seitenweg ein und marschierte nach Hause.

Der Hase rannte und rannte und rannte. Doch was war das? „Guten Morgen, lieber Hase", tönte es ihm plötzlich entgegen. Der Hase erkannte aus den Augenwinkeln heraus eine Schildkröte und lief nun noch schneller. Doch wieder und immer wieder schallte es ihm entgegen: „Guten Morgen, lieber Hase." Außer sich vor Wut flog der Hase nur so über die Strecke, und obwohl er sich so abhetzte, erklang immer wieder das nervenaufreibende: „Guten Morgen, lieber Hase." Mit heraushängender Zunge erreichte er den Zielstein, doch da schallte es ihm entgegen: „Gewonnen, ich bin schon da!" Das war zu viel für den Hasen und er brach am Zielstein zusammen. Die Schildkröte aber saß gemütlich zu Hause, lauschte den Berichten ihrer sechs Kinder und alle freuten sich über diesen gelungenen Streich.

Nach einigen Tagen kam Frau Hase zum Haus der Schildkröte. „Es tut mir leid, dass dich mein Mann verspottet hat", schilderte sie. Er ist seitdem krank – und wir müssen nun den vereinbarten Preis zahlen und alles, was wir besitzen, an dich abzugeben. Hab Mitleid mit uns!" Der Schildkröte tat Frau Hase leid und sie antwortete versöhnlich: „Gehe nach Hause, ich werde die Angelegenheit überdenken und besuche dich morgen." Am anderen Morgen machte sich die Schildkröte auf den Weg zum Hasenbau. Sie trat an das Bett des kranken Hasen, schaute ihm lange und ernst in seine großen Augen und meinte: „Ich nehme nur ganz wenig, das Meiste darfst du behalten." Dann machte sie eine kleine Erzählpause und fügte hinzu: „Aber eines merke dir: Verspotte nie wieder andere Leute. Jeder ist so, wie er ist. Jeder muss so leben, wie er gemacht wurde, und das ist gut so. Es kommt nicht auf das Aussehen an, sondern auf das, was man in seinem Herzen trägt." Der Hase hörte die Worte der Schildkröte und schämte sich stumm.

1. Kreativkopf: Schildkröten drucken

Material: Styropor, Häkelnadel, Bleistift, Küchenmesser, Wasserfarben, saugfähiges Papier

Und so wird's gemacht: Aus Reststyropor wird eine Platte (z. B. DIN A5 oder DIN A4) zugeschnitten. Eine Schildkröte wird aufgemalt, ihr Umriss mit der Häkelnadel eingeritzt und dann wird das Panzermuster gestaltet. Man bestreicht diese Druckplatte mit Farbe, legt Papier auf, reibt mit der Handkante darüber und erstellt dadurch einen Andruck.

! **Tipp:** Wenn Sie Platz an Ihrer Wand haben, stellen Sie aus den Schildkröten einen „Schildkröten-Spaziergang" als Mäanderband zusammen.

2. Schlaukopf: Einen Märchenvergleich durchführen

Vorbereitung: Der Lehrer erzählt in Kurzform das Märchen von Hase und Igel der Gebrüder Grimm. Beide Geschichten werden in Kopie an die Kinder ausgeteilt.

Sie sollen nun die Märchen „Der Hase und der Igel" und „Der Wettlauf zwischen Hase und Schildkröte" miteinander vergleichen. Sie bekommen die Aufgaben, die Unterschiede und Gemeinsamkeiten zu notieren, ein anderes, ungewöhnliches Ende zu erfinden und aus beiden Märchen ein neues Märchen zusammenzustellen.

3. Spielkopf: Hasenschwänze wegpusten

Material: Watte, Trinkhalm

Spiel: Aus Watte formt sich jeder Spieler zwei bis drei Hasenschwänzchen, legt sie vor sich hin und alle Kinder versuchen mithilfe des Strohhalmes die Watteschwänzchen zur Mitte, in eine Ecke oder zu einer Reihe zu pusten, ohne dass eine Watte vom Tisch fällt.

4. Kochtopf: Brote mit Hasengesichtern zubereiten

Zutaten und Material: Brotscheiben, Möhren, Salatblatt, Radieschen, Rosinen, (Mozzarella)Käse, Messer, Teller

Und so wird's gemacht: Zwischen zwei dünne Brotscheiben wird das Salatblatt geklemmt. Die Oberseite wird als Hasengesicht dekoriert: Lange Möhrenohren und zwei große Hasenzähne sind charakteristisch, außerdem kommen noch Augen aus Rosinen und Schnurrhaare aus Möhren dazu, zuletzt noch eine Radieschennase.

Tipp 1: Das Brot wird anfangs mit Ketchup oder Senf bestrichen.

Tipp 2: Für einen Wettbewerb werden die Hasenbrote fotografiert und die Fotos als Bildergalerie ausgestellt.

Tipp 3: Mit einer Hasen-Ausstechform werden Käse oder Wurst ausgestochen und auf das Brot gelegt.

11. Wer einmal lügt, dem glaubt man nicht

Ein Märchen aus Griechenland

Worum geht es in dem Märchen?

Antonis hat eigentlich keine Lust, die ihm anvertrauten Schafe zu hüten und er löst immer wieder falschen Alarm aus, der böse Wolf sei da. Doch dann kommt eines Tages tatsächlich ein Wolf. Wird man seinem erneuten Hilferuf Glauben schenken?

Worum geht es wirklich?

Lügengeschichten zu erzählen und falschen Alarm zu schlagen, können böse Folgen haben. Kinder spielen gerne solche Streiche und sind sich der möglichen Gefahren nicht bewusst. Falschen Alarm auszulösen kann (z. B. bei Polizei und Feuerwehr) auch sehr teuer werden. Sprechen Sie mit den Schülern darüber.

Unterrichtstipps im Überblick:

- **Kreativkopf:** Einen Schäfer mit seiner Herde basteln
- **Schlaukopf:** Auf den Spuren des Lügenbarons Münchhausen
- **Spielkopf:** „Dreht euch schnell um, der Wolf geht rum!"
- **Kochtopf:** Eierschäfchen zubereiten

Wer einmal lügt, dem glaubt man nicht

Ein Märchen aus Griechenland

An den Berghängen eines kleinen Dorfes lebten Bauern, die viele Schafe besaßen. Morgens sammelte der Hirtenjunge Antonis bei den Bauern die Schafe ein und führte seine Schafherde hinauf auf die saftig grünen Berghänge. Dort rupften sie das frische Grün und die wohlschmeckenden Kräuter ab und die Hänge wurden durch die Schafe wie mit einem Rasenmäher abgemäht. Antonis nahm es aber mit der Wahrheit nicht so genau. Es machte ihm Spaß, Geschichten zu erfinden und sie so zu erzählen, dass die anderen sie für die Wahrheit hielten.

Seine Lieblingsgeschichte war: „Der Wolf ist da". Und auf diese Geschichte hatte er heute wieder große Lust. Als der Abend hereinbrach, stürzte er atemlos und laut schreiend den Berghang hinunter und brüllte aus Leibeskräften: „Hilfe, der Wolf ist da. Zu Hilfe, der Wolf ist da." Sofort ließen die Bauern alles liegen und stehen, schnappten sich die bereitgestellten Stöcke und Heugabeln und rannten dem zu Hilfe schreienden Hirten Antonis entgegen. Kaum hatte sie ihn erreicht, meinte der lachend: „Ach, ich habe mich wohl getäuscht, das war nur der Schäferhund." Ein andermal rief er seinen „Rettern" entgegen: „War nur ein Scherz, ihr könnt beruhigt umdrehen, es ist nichts passiert." Und immer wieder fielen die Bauern darauf herein, obwohl sie Antonis drohten: „Wenn es einmal wirklich ernst ist, kannst du selbst sehen, wie du aus dieser Geschichte herauskommst!"

Aber bis dahin löste jeder seiner alarmierenden Rufe eine Rettungsaktion aus und sie vergaßen ihre Drohungen. Also trieb es Antonis immer bunter. Und dann geschah das, was geschehen musste: Kaum hatte Antonis seine Schafherde auf die saftigen Hänge getrieben, bekam er ungebetenen Besuch. Ein großer, grauer, hagerer, hungriger Wolf pirschte sich unauffällig, lautlos und langsam an die Herde heran. Er konnte die Schafe schon gut riechen und der Hütejunge Antonis lag faul im Gras, schaute in den Himmel hinauf und kaute auf einem langen Grashalm. Der hungrige Wolf kam näher und näher, machte einen Satz und schnappte sich ein kleines Lämmchen, das sich zu dicht an ihn herangewagt hatte. Das jämmerliche Blöken schreckte Antonis auf, er fuhr in die Höhe und schaute direkt in das zähnefletschende Wolfsgesicht. In seiner Todesangst brüllte er aus Leibeskräften: „Zu Hilfe, zu Hilfe, der Wolf ist da. Helft mir doch, der Wolf ist wirklich da." Die Bauern unterbrachen kurz ihre Arbeit, blickten zum Berghang hinauf und riefen: „Dieses Mal fallen wir nicht auf deinen Trick herein. Du hast uns schon so oft zum Narren gehalten."

Antonis war fassungslos. Warum wollten sie ihm nicht glauben? Gerade jetzt, wo der Wolf doch tatsächlich vor ihm stand? „Es ist aber wirklich der Wolf", schrie Antonis voller Angst und Verzweiflung. Doch niemand im Tal glaubte ihm und der hungrige Wolf riss noch weitere Schafe. Antonis wagte nicht einzugreifen. Sobald er sich auch nur einen Millimeter bewegte, wandte sich der große graue Wolf ihm zu, bleckte seine scharfen Zähne und zeigte ihm unmissverständlich: „Bleib, wo du bist, sonst ergeht es dir wie deinen Schafen."

Antonis zitterte am ganzen Körper, tränenüberströmt und bibbernd trieb er, als sich der Wolf mit vollgefressenem Bauch davon trollte, seine restlichen, ängstlich blökenden Schafe den Berg hinunter. Dabei hatte er genügend Zeit, über seine bisherigen Scherze gründlich nachzudenken. Und ihm fiel der Satz ein, den sein Vater ihm immer und immer wieder gepredigt hatte: „Wer einmal lügt, dem glaubt man nicht, und wenn er gleich die Wahrheit spricht." Das hatte er nun selbst hautnah erfahren.

1. Kreativkopf: Einen Schäfer mit seiner Herde basteln

Material: Schafsschablone, Bleistift, Farben, Watte, Fellreste, Klebstoff, Plakatkarton

Und so wird's gemacht: Jeder Schüler malt sein Schaf auf, schneidet es aus, beklebt den Körper mit Watte oder Fell, um dann gemeinsam mit allen eine Schafsherde zu arrangieren. Für die Mitte wird ein Schäfer gestaltet. Das fertige Bild kann auch einen christlichen Bezug haben und stellt den „guten Hirten" dar.

2. Schlaukopf: Auf den Spuren des Lügenbarons Münchhausen

Baron Münchhausen hat fantastische Lügenmärchen geschrieben, berühmt ist sein Ritt auf der Kanonenkugel. Vorschläge für Arbeitsanweisungen:

Sucht nach weiteren Geschichten. Wählt im Team je eine aus und erzählt sie in eigenen Worten nach. Illustriert sie und stellt ein fantastisches Lügenbuch zusammen. Ihr könnt auch noch eine selbst erlebte oder ausgedachte Schwindelgeschichte hinzufügen.

3. Spielkopf: „Dreht euch schnell um, der Wolf geht rum"

Material: Kleben Sie auf Karten beliebige Tiere auf oder setzen Sie Tierquartette ein.

Spiel: Ein Kind spielt den Wolf. Alle Übrigen sind andere Tiere. Die Tierkarten werden in einer Reihe von 10–15 Stück angeordnet, die Reihenfolge sollen sich die Schüler einprägen. „Dreht euch schnell um, der Wolf geht rum!" Alle anderen drehen sich weg. Der Wolf klaut 2–3 Karten und schiebt die Reihe ohne Lücken zusammen. Er sagt: „Dreht euch wieder um, der Wolf ging rum!" Das Kind, das sich zuerst meldet, die geraubten Karten nennt und sie an die richtige Stelle legen kann, hat gewonnen und übernimmt die Wolfsrolle. Bei großen Gruppen können je zwei oder drei Kinder ein Team bilden und als Wolfsrudel auftreten.

4. Kochtopf: Eierschäfchen zubereiten

Material: hart gekochtes Ei, Kleister, Papiertaschentücher, Papierreste, Wackelaugen, Permanentmarker, Karton und Ostergras

Und so wird's gemacht: Für den Kopf wird das Ei waagrecht gelegt, Augen und Papierohren werden angeklebt und Nase und Maul aufgemalt. Papierreste oder Taschentücher werden zu Kügelchen geknüllt und als Kopfschmuck aufgeklebt.

Aus Taschentüchern wird der Körper geknüllt und mit Kleister zusammengeklebt. Aus den dünnen Einzellagen knüllt man kleine Bälle, die als Fell auf den Körper geklebt werden. Das Schaf wird auf eine Wiese aus Ostergras gesetzt. Später kann das Ei aufgegessen werden.

 **Tipp:** Man kann auch ein Plastikei verwenden.

12. Warum die Frösche quaken

Ein Tiermärchen aus Eritrea

Worum geht es in dem Märchen?

Bei einem schweren Gewitter schlägt ein Blitz in die Vorratshütte des Dorfes ein. Alle Bewohner schlafen. Da die Frösche zu dieser Zeit noch nicht quaken können, können sie die schlafenden Menschen nicht warnen. Doch in ihrer Not geschieht das Unglaubliche und es gelingt ihnen, die Menschen gerade noch rechtzeitig zu warnen.

Worum geht es wirklich?

Sich einig zu sein und zusammenzuarbeiten kann hilfreich sein und sogar Leben retten. In der Not können unglaubliche Kräfte zutage treten, wie man im Märchen bei den Fröschen sehen kann. Suchen Sie gemeinsam mit den Kindern nach weiteren Geschichten, in denen genau das passiert.

Unterrichtstipps im Überblick:

- **Kreativkopf:** Papierfrösche falten
- **Schlaukopf:** Recherche und Froschexperiment
- **Spielkopf:** Ein Konzert für den Froschkönig
- **Kochtopf:** Einen Froschsalat zubereiten

Warum die Frösche quaken

Ein Tiermärchen aus Eritrea

Am Ende eines kleinen afrikanischen Dorfes mit seinen runden Lehmhütten, deren Dächer mit Palmstroh gedeckt waren, befand sich ein kleiner Teich. Er wurde von den Dorfbewohnern zum Wäschewaschen benutzt, und um die kleinen Getreide- und Maisfelder zu bewässern, wenn die Sonne sengend heiß am Himmel thronte. Außerdem diente er als Löschwasserteich, falls es einmal brennen sollte. Zum Glück hatte es in dem kleinen Dorf noch nie gebrannt. Und abends löschten die Dorfbewohner mit einem Eimer Wasser aus dem Teich sorgfältig die Herdglut vor den Häusern. Die Mütter nahmen die eingehängten Kessel, in denen sie den Hirsebrei gekocht hatten, herunter, gingen danach zum Teich und wuschen ihr Geschirr.

Tagsüber machten die Kinder des Dorfes den Fröschen den Platz im Teich streitig. Dennoch vertrugen sich die Kinder und die Frösche und jeder ließ dem anderen genügend Platz. Ihr müsst wissen, dass zu jener Zeit die Frösche noch nicht quaken konnten. Sie hüpften zwischen den im Wasser spielenden Kindern hin und her und neckten sie, wenn sie einfach unter ihnen hindurchtauchten oder sogar über sie sprangen.

Eines Abends wurde der Himmel immer dunkler. Schwere schwarze Gewitterwolken zogen auf. Es donnerte und alle Bewohner zogen sich schleunigst in ihre Rundhütten zurück. Am Himmel zuckten die ersten gelben, grellen Blitze auf, die das Dorf und den kleinen Teich für wenige Sekunden taghell erleuchteten. Und da geschah es: Ein Blitz sauste auf die Erde zu und steckte die kleine mit Palmwedel bedeckte Vorratshütte in Brand.

Ein Frosch saß gerade in diesem Augenblick am Rande des kleinen Dorfteiches und sah alles, was geschah. Eilig und erschrocken machte er einen mächtigen Sprung in den See und alarmierte alle Frösche: „O Schreck, schaut einmal zum Dorf, dort brennt es." Ein anderer rief: „Was sollen wir bloß tun? Wie können wir unsere Freunde warnen?" Und einer rief: „Du brauchst doch nicht jammern, wir sind ja in Sicherheit, uns kann nichts geschehen" „Nichts geschehen? Wenn du dich da nur nicht irrst! Wenn alle Häuser in Flammen stehen, werden es die Dorfbewohner schon bemerken." „Richtig", antwortete sein Nachbar: „Sie werden an unseren Teich rennen, mit ihren vor dem Haus stehenden Kesseln Wasser schöpfen, uns dabei versehentlich erwischen, und wir fliegen mit dem Löschwasser in hohem Bogen mitten ins Feuer. Wollt ihr das?" Natürlich wollten die Frösche das nicht.

„Was sollen wir bloß tun, riefen sie erschrocken und ängstlich." Da begann der erste Frosch in die Nacht zu rufen: „Es brennt! Feuer, Feuer, es brennt!" Dann fiel der zweite Frosch in den Ruf mit ein, dann der dritte, der vierte, der fünfte, und alle stimmten in den Froschchor ein. Plötzlich hallte ihr Ruf mächtig und laut über das schlafende Dorf. Und dabei hüpften sie am gegenüberliegenden Ufer an den Teichrand, drängelten sich zusammen und blähten ihre Backen immer weiter auf. Kleine Luftsäcke wölbten sich neben ihren breiten Froschmäulern auf. Ihr schüchterner Hilferuf schwoll immer mehr an, ging in Froschquaken über, wurde mutiger und mutiger. Ihr Quaken wurde mächtiger, ungewöhnlicher, ein noch nie gehörtes Froschkonzert hallte durch die dunkle Gewitternacht.

Das wiederum riss die schlafenden Dorfbewohner aus ihren Träumen, erschrocken sprangen sie auf, rannten hinaus, schnappten ihre Kessel, rannten zum Teich, und mit vereinten Kräften gelang es ihnen, das Feuer zu löschen, ehe es

auf die anderen Hütten übersprang. Und seitdem stimmen die Frösche nachts ihr lautes Konzert in allen Teichen und Tümpeln der Welt an, auch dann, wenn es nirgends brennt.

1. Kreativkopf: Papierfrösche falten

Material: quadratisches grünes Faltpapier, Geschenkpapier, blaues Tuch, Wackelaugen, Klebstoff, Schere

Und so wird's gemacht: Die Kinder falten den Frosch nach der Anleitung und kleben Wackelaugen auf. Dann schneiden sie Seerosenblätter aus Papier zu. Auf diese setzen sie die Frösche und gestalten aus dem blauen Tuch den Froschteich.

Alternative:
Einen Finger-Spielfrosch basteln

Die Kinder zeichnen ein Froschgesicht mit großen Augen auf, gestalten es schön aus und schneiden es zu. Unten an den Seiten schneiden sie zwei Fingerlöcher heraus, stecken ihre Finger als Beine durch und lassen die Frösche plaudern oder munter drauf lossingen.

2. Schlaukopf: Recherche und Froschexperiment

Stellen Sie den Kindern Bücher oder einen Internetzugang zur Verfügung, damit sie die folgenden Fragen beantworten können: Was weißt du über Frösche, wo leben sie, welche Arten gibt es? Recherchiere.

Experiment: Vom Laich zum Frosch
An einem Bach oder in einem Tümpel wird Froschlaich in Gläsern eingesammelt und in eine große, hohe Schüssel Wasser mit kleinen Steinchen gelegt. Die Kinder beobachten, wie sich aus dem Gallertlaich im Laufe der Wochen Kaulquappen entwickeln. Sie legen zusätzliche Steine ins Wasser, damit sich die kleinen Frösche daraufsetzen können. Sie füttern sie mit Trockenfutter für Fische. Sind die Frösche fertig entwickelt, werden sie an ihrem Bach oder Tümpel wieder in die Freiheit entlassen. Die Kinder können ein Entwicklungstagebuch anlegen, in dem sie Tag für Tag alle Beobachtungen notieren.

3. Spielkopf: Ein Konzert für den Froschkönig

Spiel: Ein Kind geht als Froschkönig kurz vor die Türe. Die Kinder einigen sich auf ein Lied, einen Schlager oder ein Musikstück. Der Froschkönig wird hereingebeten, er soll einem fantastischen Froschkonzert lauschen. Auf ein Zeichen stimmt der Froschchor sein Konzert an, wobei nicht gesungen, sondern gequakt wird. Erkennt der Froschkönig das Lied oder das dargebotene Musikstück?

4. Kochtopf: Einen Froschsalat zubereiten

Zutaten und Material: Kresse, grüne Salate, zarte Löwenzahnblätter, Essig, Öl, Gewürze, Radieschen, leckeres Brot als Beigabe, Schüssel, Salatschälchen, Besteck.

Und so wird's gemacht: Die Zutaten werden gewaschen, man lässt sie abtropfen, schneidet sie klein und richtet sie mit Essig, Öl und Gewürzen in der Schüssel zum Salat an. Dieser wird in kleine Schüsseln gefüllt, die Froschaugen aus zwei halben Radieschen werden obendrauf gelegt.

13. Von einem, der auszog, das Glück zu finden

Ein Märchen aus den Niederlanden

Worum geht es in dem Märchen?

Zwei unterschiedliche Brüder erleben die Welt auf ihre Weise. Der eine betreibt den elterlichen Bauernhof weiter, der andere zieht in die große, weite Welt, um das große Glück und Zufriedenheit zu finden. Gelingt ihm dies? Als die Brüder sich nach vielen Jahren treffen, erzählen sie von ihrem ganz persönlichen Glück, das sie gefunden haben oder noch immer suchen.

Worum geht es wirklich?

In dem Märchen geht es um die Frage nach dem Glück, das man auf ganz unterschiedliche Weise suchen kann. Reichtum, den sich auch manche Kinder wünschen, macht nicht zwangsläufig glücklich. Auf seine Gefühle und Moralvorstellungen zu achten, macht dagegen zufriedener und ebnet Wege. Die Geschichte stimmt nachdenklich und fordert zu Gesprächen und Diskussionen auf: Fragen Sie, an welches andere Märchen diese Geschichte erinnert und leiten Sie auf „Hans im Glück“ über. Philosophieren Sie mit den Kindern darüber.

Unterrichtstipps im Überblick:

- **Kreativkopf:** Dekorative Glückshäuschen basteln
- **Schlaukopf:** Über das Glück philosophieren
- **Spielkopf:** Meine Glückszahl-Würfelspiel
- **Kochtopf:** Glückspilze zubereiten

Von einem, der auszog, das Glück zu finden

Ein Märchen aus den Niederlanden

Es waren einmal zwei ungleiche Brüder, Peter und Paul. Als der alte Vater gestorben war, sollten sie den Bauernhof übernehmen. Der Ältere, Paul, war ruhig und bedächtig. Er wollte gerne weiter auf dem Bauernhof bleiben und stellte sich schon vor, wie sie den Hof miteinander bewirtschaften, sich um das Vieh kümmern, die Felder bestellen und den kleinen Wald erhalten wollten. Doch Peter, der Jüngere, hatte ganz andere Pläne und sprach: „Es ist gut, wenn du den Hof unseres Vaters übernimmst. Ich aber werde in die große, weite Welt ziehen und das Glück suchen. Und wenn ich es gefunden habe, kehre ich wieder zu dir zurück." Sein älterer Bruder antwortete erstaunt: „Wo willst du das Glück suchen? Und wie sieht Glück denn aus?" „Keine Ahnung", entgegnete ihm Peter, „aber lass es mich versuchen."

Paul zahlte seinen jüngeren Bruder aus, dieser steckte die Golddukaten in seine Tasche, mit den Händen brachte er sie leise zum Klimpern und war glücklich. Sofort packte Peter seine sieben Sachen in ein Wollbündel, zog den Wanderstock durch die Schlaufe, verabschiedete sich und marschierte pfeifend und froh gelaunt hinaus in die weite Welt. Peter marschierte und marschierte. Das dauerte ihm zu lange. „Wenn ich so langsam wie eine Schnecke vorwärtskomme, werde ich das Glück nie finden", murmelte er vor sich hin.

Also beschloss er, sich für einige Golddukaten ein Pferd zu kaufen. Wie herrlich es war, auf dem braunen Pferderücken zu sitzen, denn von hier oben sah die Welt gleich ganz anders aus. Aber nach einiger Zeit wurde ihm auch das Pferd zu

langweilig. „Das dauert ja ewig vorwärtszukommen, ich werde das Pferd verkaufen und mir eine Fahrkarte für die Eisenbahn lösen. Gesagt, getan. Hei, wie sausten die Bäume und die Landschaft vor seinen Augen vorbei. Und Peter war glücklich.

Monate waren vergangen. Peter reiste noch immer durch die Welt, um das Glück einzufangen. Es dauerte nicht lange, da schien Peter das Fahren mit der Eisenbahn viel zu langsam. „Wenn ich so weiterreise, werde ich das Glück nie erwischen. Ich muss etwas Schnelleres finden." In diesem Augenblick hörte er das Brummen eines Flugzeuges. „Das ist es, ich werde mich mit dem Flugzeug auf die Suche nach dem Glück begeben." Er kaufte sich ein kleines Flugzeug und flog weiter in die Welt hinaus. Begeistert rief er: „Hallo, ihr Wolken, ich werde ans Ende der Welt fliegen, denn dort hat sich das Glück sicherlich versteckt." Peter flog über das große, unendlich weite blaue Meer an das Ende der Welt.

Allmählich gingen ihm seine Golddukaten aus und er arbeitete als Goldgräber von früh bis spät, gönnte sich kaum eine Pause – bis er eines Tages im Flussbett etwas Glänzendes entdeckte: Gold. Nun schuftete Peter ohne Unterlass, er wollte dem Fluss noch mehr Gold abtrotzen. So zogen die Jahre ins Land. Er fand immer mehr Gold, aber glücklich und zufrieden war er immer noch nicht.

Je mehr Gold er schürfte, desto mehr wollte er besitzen und desto nachdenklicher wurde er. „Wenn ein Räuber mein Gold stiehlt, was dann? Wenn ich krank werde, wer passt dann auf meinen Reichtum auf? Fragen über Fragen, auf die Peter keine Antwort fand. Aus lauter Goldgier hatte er vergessen, warum er in die weite Welt gezogen war. Und wieder verging Jahr um Jahr. Peter wurde älter, seine Haare wurden grau, sein Rücken krumm und sein Gesicht sah wie gegerbtes braunes Leder aus. Da machte sich Heimweh in seinem Herzen breit. „Ich werde nach Hause fahren", murmelte er.

Endlich stand er vor dem Hof und umarmte seinen Bruder. Paul fragte ihn neugierig und ruhig: „Und – hast du das Glück gefunden?“ Peter entgegnete ihm voller Stolz: „Natürlich habe ich das Glück gefunden. Schau, hier ist es“, und er streckte seinem Bruder einen großen, schweren braunen Lederbeutel voll Gold entgegen. „Und was ist mit dir? Du lebst noch immer auf dem alten Hof, während ich die Welt bereist und mein Glück gefunden habe. Paul lächelte seinen Bruder nachsichtig an: „Du hast recht, von außen sieht mein Hof alt aus, aber innen, ganz innen drin, ist er neu.“

Da ging die Tür auf und heraus kam eine hübsche Frau, an der Hand zwei lachende Kinder. „Das ist meine Familie. Das ist mein ganzes Glück. Behalte dein Gold, ich brauche es nicht. Du kannst dir Vieles damit kaufen, aber das Glück wohnt in den Herzen der Menschen. Das kann niemand kaufen. Nur wer es geschenkt bekommt, ist wirklich glücklich und reich.“

Nachdenklich stand Peter da, schaute auf die kleine, glückliche Familie seines Bruders und dann entglitt ihm der schwere Beutel mit Gold. Mit einem hörbaren „plumps!“ prallte er auf den Boden. Peter hatte sich auf die Suche nach dem Glück gemacht, aber das echte, wahre Glück hatte er nicht gefunden.

1. Kreativkopf: Dekorative Glückshäuschen basteln

Material: farbiges Tonpapier, Farbstifte, Schere, Klebstoff

Und so wird's gemacht: Rechteckiges Tonpapier wird als Hauswand mit Fenstern, Tür und Blumen gestaltet, die Tür wird eingeschnitten. Die Wand wird zu einer Rolle geformt und zusammengeklebt. Aus einem Kreis, den man bis zur Mitte einschneidet, wird ein Flachhut-Dach angefertigt und oben auf die Hauswand gelegt. Weiße Glückspunkte werden auf das Dach geklebt.

Tipp 1: Baut eine Glücksstadt (eine Stadt, die fast genauso heißt, gibt es übrigens in Norddeutschland).

Tipp 2: Versteckt eine kleine Überraschung im Glückshaus und macht jemanden glücklich.

2. Schlaukopf: Über das Glück philosophieren

Vorschläge für Aufgaben und Fragen: Interviewt die Menschen auf dem Schulhof, auf dem Marktplatz oder im Einkaufszentrum mit einem Handy und stellt Ihnen die Fragen: Was bedeutet Glück? Welche Zukunftsträume hegen Kinder und Erwachsene?

Notiert die Umfrageergebnisse und stellt in einer Liste die Kinderwünsche den Erwachsenenwünschen gegenüber. Erkundet Weisheiten über das Leben und Glücksmomente und welche Rolle Zufälle dabei spielen. Was macht Glücklichsein für euch aus? Kennt ihr Menschen, die glücklich sind?

3. Spielkopf: Meine Glückszahl-Würfelspiel

Material: Würfel, Papier, Bleistift. Plastikbecher

Spiel mit einem Würfel: Ein Kind nennt eine Würfelzahl von Eins bis Sechs. Es wird notiert, wie oft jeder würfeln muss, bis er diese Glücksaugenzahl gewürfelt hat.

Tipp: Wer dreimal seine Glückszahl gewürfelt hat, bekommt eine Belohnung, die ihn glücklich macht.

Spiel mit vier Würfeln und einem Plastikbecher: Ein Kind nennt eine Glückszahl bis maximal 24. Die vier Würfel werden in den Becher gegeben, ein Kind schüttelt ihn und dreht ihn auf dem Tisch um. Welche Summe ergeben alle Würfel zusammen? Welcher Spieler erreicht, wenn alle einmal gewürfelt haben, die Glückszahl oder kommt dieser am nächsten?

4. Kochtopf: Glückspilze zubereiten

Zutaten und Material: Gurke, Möhre, Tomate, Streichkäse, Mozzarella, Rosinen, Wiener Würstchen, Zahnstocher, Messer

Und so wird's gemacht: Die Kinder nehmen eine dicke Gurkenscheibe als Moosboden, stecken darauf das Pilzbein aus einem Wurst- oder Möhrenstück mithilfe eines Zahnstochers. Oben stecken sie ein Pilzdach aus Tomatenstücken mit Streichkäsetupfern oder aus einem Mozzarellastück mit Rosinenpunkten drauf. Guten Appetit!

14. Das Taschentuch-gespenst

Ein Märchen aus Irland

Worum geht es in dem Märchen?

Das kleine Taschentuchgespenst lebt in einem hohen, verfallenen Turm. Natürlich spukt es, ärgert die Menschen und klaut in einer heftigen Schnupfenzeit den Kindern ihre Taschentücher. Ob die Menschen diesen seltsamen Spuk auflösen können?

Worum geht es wirklich?

Das Märchen entführt in die Welt der Gespenster, die Kinder jeglichen Alters faszinieren. Sie lernen dabei, dass man, wenn man anderen Leuten Streiche spielt – auch ohne bösartige Absicht – letztlich selbst der Leidtragende sein kann. In diesem Fall bekommt das Gespenst den Schnupfen, den es verbreitet hat.

Unterrichtstipps im Überblick:

- **Kreativkopf:** Gespenstermarionetten basteln
- **Schlaukopf:** Einen Polizeibericht über einen Gespensterspuk schreiben
- **Spielkopf:** Schreckgespenster
- **Kochtopf:** Ein Gespensterbrot gestalten

Das Taschentuchgespenst

Ein Märchen aus Irland

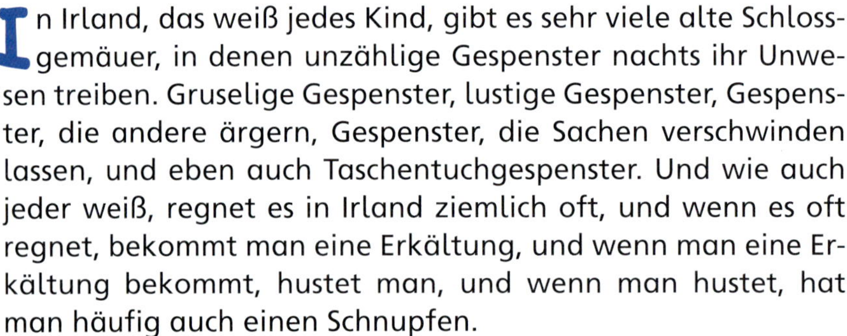

In Irland, das weiß jedes Kind, gibt es sehr viele alte Schlossgemäuer, in denen unzählige Gespenster nachts ihr Unwesen treiben. Gruselige Gespenster, lustige Gespenster, Gespenster, die andere ärgern, Gespenster, die Sachen verschwinden lassen, und eben auch Taschentuchgespenster. Und wie auch jeder weiß, regnet es in Irland ziemlich oft, und wenn es oft regnet, bekommt man eine Erkältung, und wenn man eine Erkältung bekommt, hustet man, und wenn man hustet, hat man häufig auch einen Schnupfen.

Das kleine Taschentuchgespenst lebte in einem alten, etwas baufälligen Turm aus Stein. Ganz oben hatte es sich dort gemütlich eingerichtet. Durch das gebogene, halb zerfallene Fenster besaß es den besten Rundblick der Welt. Unter ihm lag die kleine Stadt. Tagsüber war das kleine Gespenst natürlich unsichtbar, so ist das nun mal bei Gespenstern. Nachts schwebte es über der Stadt und trieb Schabernack. Manchmal erschreckte es die Tiere im Wald, wenn es mit seinen flatternden Armen und mit seinem unten leicht ausgefransten weißen Gespenstergewand knapp über ihren Köpfen dahinschwebte und ein zarter Lufthauch die Tiere berührte, untermalt durch ein schaurig durch die regenschwere schwarze Nacht klingendes „Schuhuuuu". Das kleine Gespenst Schuhuuuschuhuuu war immer zu Streichen aufgelegt, aber sehr gutmütig, ja sogar richtig nett – soweit man das von Gespenstern überhaupt sagen kann.

Draußen fegte der Herbstwind über die grünen Hügel, heulte um die alten Steinmauern herum, wirbelte die Blätter auf, rüttelte laut an den klapprigen Fensterläden, zerzauste den Kindern die Haare oder entführte den Müttern – schwupp-

diwupp! – ihre Regenschirme. Bei diesem scheußlichen Wetter fühlte sich das kleine Nachtgespenst Schuhuuuschuhuuu sehr wohl. Es ließ so ganz aus Versehen einige von verschnupften Leuten benutzte Taschentücher vom Turm heruntersegeln und so breitete sich der Herbstschnupfen in der Stadt aus. Und wen wundert es, dass nicht nur die Kinder schnieften und schnäuzten, sondern alle Bewohner. „Hatschi", „hatscho", „hatschum", hörte man es in allen Gassen und Winkeln.

„Was bin ich doch für ein tüchtiges Gespenst", jubilierte das kleine Gespenst hoch oben in seinem Turm. Doch – o Schreck, was war denn das? „Ha-ha-ha-hatschi", nieste das kleine Gespenst. „Das kann doch nicht wahr sein", jammerte es, flog schnurstracks zu seinem kleinen Spiegel und ein niesendes, rotnasiges kleines Gespenst schaute ihm entgegen. „Du lieber Himmel, ich werde doch keinen Schnupfen bekommen!", schniefte es ziemlich kläglich seinem Spiegelbild zu.

Das Gespenst brauchte dringend Taschentücher. Zum Glück besaß es bereits welche, denn immer wenn es die Schüler ärgern wollte, schwebte es blitzschnell an den Kindern vorbei, die gerade ein Taschentuch in der Hand hielten, und – schwuppdiwupp! – riss der Schwebewind die Taschentücher aus den Kinderhänden und wie kleine Gespensterkinder flatterten und schwebten sie durch die Luft. Es war lustig, wie die Schüler ihren davonflatternden Taschentüchern vergeblich nachliefen. Das kleine Gespenst hatte sie eingesammelt, sie in den Turm geschleppt und sich daraus ein kuscheliges weiches Gespensterkopfkissen gemacht.

„Hatschi", machte das kleine Gespenst, „hatschi-hatschi", und schniefte in ein blütenweißes, weiches Taschentuch hinein. Und weil es einen ausgewachsenen Gespenster-Schnupfen bekam, verbrauchte es endlos Taschentücher. Doch was sollte das kleine Gespenst nun tun? „Also, mein Kuschelkissen gebe ich nicht her", sprach es zu sich selbst. „Wozu bin ich ein Gespenst! Ich werde einfach die Taschentuchvorräte aus den Manteltaschen, Schultaschen und Kindergartentaschen stibitzen. Das merkt ja keiner, weil ich unsichtbar bin." Gesagt, getan. Wo immer das kleine Gespenst ein Taschentuch hervorblitzen sah, schnappte es sich dieses und schwebte davon.

Natürlich ärgerten sich die Mütter der Kinder, dass die Taschentücher wie durch Zauberhand verschwanden. „Könnt ihr nicht besser auf eure Taschentücher aufpassen?", riefen sie ihren Kindern nach. Und weil immer mehr Taschentücher spurlos verschwanden, hatten die Händler in den Geschäften kaum mehr welche anzubieten. Was sollte das kleine Schnupfengespenst nun mit seinen verschnieften, verschnäuzten, verbrauchten Tüchern bloß machen? Sie stapelten sich schon in der Turmecke. Also beschloss das kleine Gespenst, sie einfach vom Gespensterturm herunterflattern zu lassen.

Sie breiteten sich über die ganze kleine Stadt aus und es sah von oben aus, als hätten die Bewohner unzählige weiße Wäschestücke auf die Straßen, Wiesen und in die Parkanlage gelegt. Der Bürgermeister alarmierte sofort die Müllabfuhr und diese sammelte blitzschnell die Taschentücher ein. Und nach wenigen Tagen hörte der Schnupfen so plötzlich wieder auf, wie er gekommen war.

1. Kreativkopf: Gespenstermarionetten basteln

Material: Papiertaschentuch, Watte, Wackelaugen, Garn, Stab, Band, roter Filzstift

Und so wird's gemacht: Die Kinder öffnen ein Taschentuch und falten es zu einem Dreieck, sie legen wie auf der Abbildung Watte für den Kopf ein und binden ihn mit dem Band ab. Beide seitlichen Zipfel werden mit etwas eingelegter Watte zu Händen umfunktioniert und das Gesicht mit Wackelaugen gestaltet und bemalt. Garn wird an den Händen und am Kopf angebracht und am Stab festgebunden.

Tipp 1: Ohne Stab und Garn kann man das Gespenst tanzen lassen: Mehrere oder alle Gespenster tanzen wild im Kinderkreis mit ihrem Puppenspieler. Alternativ spannen Sie ein Leinentuch auf und die Gespenster tanzen über dieses Tuch, d. h.: die Spieler stehen hinter dem Tuch und führen ihre Figuren. Sie selbst sind ab Brusthöhe sichtbar. Der Tanz wird begleitet von schaurigem Gespenstergeschrei und Gekicher. Ertönt der mitternächtliche Gong, ist der Spuk beendet und ein Gespenst nach dem anderen huscht hinaus

Tipp 2: Die Kinder malen das Gespenst in Aktion und fertigen einen Wandfries mit Turm und Taschentuchgespenstern an.

2. Schlaukopf: Einen Polizeibericht über einen Gespensterspuk schreiben

Lassen Sie die Kinder selbst einen Polizeibericht zu einem ausgedachten Spuk, eine Geschichte oder einen Comic zum Thema schreiben. Das Thema ist als Schreibanlass sehr beliebt.

Folgende Fragen können Gesprächsanlässe für ein erstes Brainstorming bieten:

- Wer glaubt an Gespenster?
- In welchem Land gibt es besonders viele Gespenster?
- Welche Aufgabe haben Gespenster?
- Wer hatte schon einmal eine Begegnung mit einem Gespenst?
- Habt ihr eine Lieblings-Gespenstergeschichte?

! **Tipp:** Die Kinder recherchieren im Internet und suchen skurrile Berichte und Geschichten zum Thema, zum Beispiel angeblich echte Dokumentationen über Gespenster oder Polizeiberichte.

3. Spielkopf: Schreckgespenster

Spiel: Versteckt euch leise im Klassenzimmer oder im Flur und stürzt – sobald jemand vorbeikommt – mit lautem, schrillen Gespenstergeschrei hervor. Genießt, wie man andere erschrecken kann.

! **Hinweis:** Dieses Spiel eignet sich besonders für den Schulhof oder die Sporthalle, da es laut werden kann.

4. Kochtopf: Ein Gespensterbrot gestalten

Zutaten: dunkles Brot, Salami, Ketchup, Senf, Scheibenkäse, Essiggurke, Radieschen, Messer, Teller

Und so wird's gemacht: Das Brot wird bestrichen und danach belegt. Aus einer Käsescheibe wird eine Gespenstergestalt zugeschnitten. Augen aus Essiggurken und ein Radieschenmund werden auf den Kopf gelegt.

Ergänzung: Eine Gespensternacht in der Schule

Einmal in der Klasse zu übernachten ist ein spannendes Ereignis für die Schüler. Sprechen Sie sich mit Eltern, Hausmeister und Schulleitung ab.

Material: Isomatten oder Luftmatratzen, Kulturbeutel, Essen und Trinken, Taschenlampen, viele große Decken und Tücher, Wäscheklammern, Schnur

Und so wird's gemacht: Das Schulmobiliar wird mithilfe von Tüchern und Decken verwandelt. An den Tuchecken werden Schnüre angebracht, diese werden mit Wäscheklammern an Stuhllehnen befestigt, um eine unterirdische Gespensterstadt entstehen zu lassen. Mit Taschenlampen geben die Schüler Lichtsignale und malen Gespensterbilder an die Decke, und sie lauschen Gespenstergeschichten. Für die Kinder wird es ein unvergessliches Gemeinschaftserlebnis.

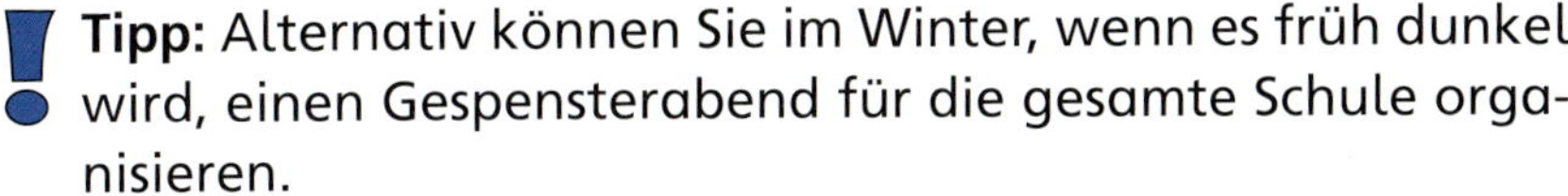

Tipp: Alternativ können Sie im Winter, wenn es früh dunkel wird, einen Gespensterabend für die gesamte Schule organisieren.

15. Aicha Rmada

Ein marokkanisches Märchen, das unserem „Aschenputtel" entspricht

Worum geht es in dem Märchen?

Aicha verliert sehr früh ihre Mutter. Als der Vater wieder heiratet, bekommt sie zwei Stiefschwestern. Doch diese und ihre Stiefmutter machen Aicha das Leben schwer. Eine gute Fee schenkt ihr Kleid und Schuhe und sie gewinnt einen Wettbewerb beim Weben. Auf der Flucht verliert sie ihren goldbestickten Schuh. Am Ende wird sie als rechtmäßige Besitzerin in einem eingerollten Teppich entdeckt.

Worum geht es wirklich?

Märchen haben meist ein positives Ende, das Gute siegt, das Böse wird bestraft, so auch hier. Aichas Ehrlichkeit und die Erfüllung ihrer Pflichten lohnen sich, denn ehrlich sein währt am längsten, und die Wahrheit bahnt sich über kurz oder lang ihren Weg. Daher kann die Täuschung der neidischen Stiefmutter nicht auf Dauer gelingen. Fragen Sie in einem Gespräch, ob heutige Stiefmütter und Stiefgeschwister dieser Darstellung entsprechen.

Unterrichtstipps im Überblick:

- **Kreativkopf:** Eine afrikanische Collage mit Linsen und Erbsen herstellen
- **Schlaukopf:** Afrikanische und europäische Märchen vergleichen
- **Spielkopf:** Die Märchenschatzkiste
- **Kochtopf:** Einen zauberhaften Märchentrunk mixen

Aicha Rmada

Ein marokkanisches Märchen

Vor vielen, vielen Jahren lebte einmal ein wunderschönes, fleißiges, kluges Mädchen namens Aicha mit seinen Eltern in einer kleinen Stadt in Marokko. Aicha lernte bei einer sehr ehrgeizigen Lehrerin spinnen und weben und was man als Mädchen sonst noch können sollte. Sie war ein glückliches, fröhliches und unbeschwertes Kind. Doch eines Tages wurde ihre heißgeliebte Mutter sehr krank. Kein Arzt konnte ihr helfen und sie starb. Aicha und ihr Vater waren verzweifelt und sehr traurig.

Die Lehrerin Aichas kümmerte sich um sie. Sie hatte selbst zwei Töchter und ihr Mann war gestorben. Deshalb sagte sie eines Tages zu Aicha: „Wir kennen uns doch gut und ich würde gerne deine Mutter werden." Kaum dass Aicha wieder zu Hause war, lief sie zu ihrem Vater und erzählte ihm von dem Gespräch. Der Vater dachte kurz darüber nach und antwortete: „Aicha, du hast Recht. Ich denke, es wäre für uns beide gut, wenn du eine neue Mutter hättest und ich eine neue Frau bekommen würde." Aicha überbrachte ihrer Lehrerin diese Antwort und es dauerte nicht lange und ihr Vater heiratete ihre Lehrerin. Bald zog die neue Mutter mit ihren Mädchen ein.

Aicha wuchs heran, sie war das schönste, klügste, freundlichste Mädchen weit und breit. Ihre Schwestern aber wurden vom Vater kaum beachtet. Das erzürnte die Stiefmutter immer mehr und sie und ihre Töchter sannen auf Rache. Sie dachten sich Gemeinheiten aus. Einmal rieben sie Aichas Gesicht mit einer schmierigen, stinkenden Creme aus Wasser, Asche und Schmierseife ein. Aicha musste putzen, kochen und alle Arbeiten im Haus verrichten. Auf dem Basar wurde sie ausgelacht, die Kinder hänselten sie sehr und das tat so weh. Doch Allah sah und hörte ihren Schmerz. Er sprach zu ihr: „Ich behüte dich und schicke dir eine gütige Fee."

Es war genau an dem Vormittag, als der große, mächtige, reiche Sultan Abu El Hassan alle Weberinnen zu sich in seinen Palast rief. Seine Dienerin ging von Haus zu Haus, auch zu Aicha, und überbrachte die Einladung. Die Stiefmutter öffnete die Tür: „Wartet einen Augenblick", erwiderte sie aufgeregt, „wir ziehen uns rasch um und folgen dir." Sie ging zu Aicha: „Bis wir heute Abend zurück sind, hast du das ganze Haus fein säuberlich geputzt, und das Essen steht auf dem Tisch." Dann fiel die Holztür ins Schloss.

Plötzlich stand vor Aicha eine wunderschöne Fee und mit einer Handbewegung war alle Arbeit getan. Dann trat die Fee vor Aicha, lächelte und ehe sie sich's versah, wurde Aicha das prächtigste Kleid der Welt übergestreift. Die gute Fee steckte ihr goldbestickte Babusch-Schuhe an die Füße und brachte sie zum Palast. Unzählige Mädchen waren dort. Im Wettbewerb wob Aicha das beste Tuch. Da entdeckte die Stiefmutter sie plötzlich. „Das glaube ich nicht", flüsterte sie entsetzt. „Wer hat sie so herausgeputzt und hierher gebracht?" Als Aicha entdeckt wurde, rannte sie davon, verlor dabei ihren kleinen, goldbestickten, rechten Schuh.

Der Palastwächter entdeckte den Schuh wenig später. Der Sultan war sprachlos, denn er hatte sich in die Trägerin dieses bezaubernden Schuhes verliebt. Sofort rief er seine treueste Dienerin zu sich: „Gehe bei Tagesanbruch durch die ganze Stadt, suche nach diesem unbekannten Mädchen und führe sie als meine Braut in meinen Sultanspalast."

Die Dienerin probierte jedem Mädchen den gefundenen Schuh an und klopfte auch an die Tür von Aichas Haus. Die Stiefmutter jedoch hatte Aicha in einen schweren Teppich eingewickelt und auf dem Dachboden in einer Ecke aufgestellt. Doch auch den Stiefschwestern passte der Schuh nicht. „Dies war nun mein letztes Haus“, sprach die Dienerin des Sultans. „Habt ihr nicht noch eine Tochter?“ Sofort rief die Stiefmutter empört: „Noch eine Tochter? Nein, die habe ich nicht.“

Enttäuscht verließ die Dienerin das Haus. Da kam ihr eine alte Frau entgegen und murmelte halblaut: „Das Haus, das du gerade besucht hast, hat drei Töchter. Das dritte Mädchen wurde in einen Teppich gewickelt und steht oben auf dem Dachboden neben der Tür. Gehe zurück, und du wirst die wahre Besitzerin des goldbestickten Schuhes finden.“ Wer da so geheimnisvoll sprach, war niemand anderes als die gute Fee.

Die Dienerin kehrte sofort um, klopfte fordernd an die Tür und sprach: „Ihr habt ein so wundervolles Haus, darf ich noch einen Blick hineinwerfen?“ Die Stiefmutter fühlte sich geschmeichelt und öffnete. Und sie bemerkte zu spät, dass die Botin des Sultans mit ihr die Treppe zum Dachboden hinaufstieg. Ehe die Stiefmutter die Tür zuhalten konnte, stieß die Dienerin diese auf und eilte zu der in der Ecke lehnenden Teppichrolle. Blitzschnell wickelte sie den Teppich auf, streifte den goldbestickten Babusch an den rechten Fuß von Aicha – und er passte wie angegossen.

Aicha wurde in die Sänfte des wartenden Kamels gesetzt, durch die Medina geleitet und zum Palast des Sultans geführt. Er heiratete Aicha Rmada, das Aschenputtel. Über viele Tage und Nächte wurde im ganzen Land ein rauschendes Fest gefeiert. Und die beiden lebten glücklich und zufrieden bis an das Ende ihres Lebens.

1. Kreativkopf: Eine afrikanische Collage mit Linsen und Erbsen herstellen

Material: getrocknete Linsen und/oder Erbsen, Tonpapier, Klebstoff, Bleistift

Und so wird's gemacht: Die Kinder denken sich ein schönes, zum Märchen passendes Motiv aus. Sie zeichnen die Bildkonturen mit dem Bleistift ganz leicht auf das Tonpapier. Schritt für Schritt werden die Elemente mit Klebstoff ausgemalt, Linsen oder Erbsen werden aufgestreut und festgedrückt. Das Restmaterial wird nach dem Trocken abgeschüttelt.

Alternative: Die Kinder malen einen Sultanspalast. Die fertigen Bilder können zu einer „Stadtbilderkette" aneinandergereiht werden.

2. Schlaukopf: Orientalische und europäische Märchen vergleichen

Das Märchen entspricht unserem „Aschenputtel". Dieses ist fast allen Kindern bekannt, falls nicht, können Sie es erzählen und beide Märchen kopieren und austeilen. Die Schüler sollen beide Märchen hören, auswerten und einander gegenüberstellen. Dabei sollen sie auf die folgenden Aspekte achten:

- Welche Unterschiede sind landestypisch?
- Welche Teile sind identisch?
- Was lösen beide Märchen beim Zuhörer an Gefühlen und Gedanken aus?

Außerdem können die Kinder aus einem Märchen ein Hörspiel machen und dieses bei einem Schul- oder Klassenfest präsentieren.

3. Spielkopf: Die Märchenschatzkiste

Material: Tuch, runde oder eckige Dose oder Schachtel, die als Schatzkiste gestaltet bzw. beklebt ist, Nüsse, Gummibärchen und Golddukaten

Spiel: Die Schatzkiste wird mit Nüssen, Gummibärchen oder Golddukaten bestückt, die Anzahl muss der Zahl der mitspielenden Kinder entsprechen. Alle Kinder sitzen um den Tisch. Auf dem Tisch steht die mit dem Tuch abgedeckte Märchenschatzkiste. Der Reihe nach greifen die Kinder unter das Tuch. Diejenigen, die gerade zuschauen, zählen leise bis zehn, das „Tastkind" zieht seine Hand heraus und zeigt, was es erwischt oder auch bewusst gesucht und gefunden hat.

Alternative: Sie können daraus ein Aufgabenspiel machen: Das Tastkind sagt, was es ertasten möchte: Nüsse, Gummibärchen oder Dukaten. Danach zeigt es, ob es das Gewünschte auch blind ertasten konnte. Maximal zwei Versuche sind möglich. Wer es nicht schafft, hat in der nächsten Runde seine zweite Chance.

4. Kochtopf: Einen zauberhaften Märchentrunk mixen

Zutaten und Material: zubereiteter heller Früchtetee, Mineralwasser, Saft, frisches Obst wie Bananen, Orangen, Ananas, Erdbeeren, Kandiszucker, Messer, Teller, Karaffe, Gläser

Und so wird's gemacht: Die Kinder schneiden ihr Lieblingsobst klein und vermischen es mit einem Liter hellem Früchtetee und einem Liter Saft, z. B. Birnensaft. Bei Bedarf können sie ihn mit Kandiszucker süßen.

Tipp: Für einen Eiskristallrand an den Gläsern wird Zitronensaft in eine Schale gegeben. Mit dem Glasrand nach unten werden die Gläser zuerst in den Saft, dann in den Zucker getaucht. Nach dem Trocknen können die Gläser gefüllt werden.

16. Die Fee aus dem Granatapfel

Ein Märchen aus Afghanistan

Worum geht es in dem Märchen?

Ein Prinz begibt sich auf die Suche nach der geheimnisvollen Fee aus dem Granatapfel. Die neidische böse Zauberin ertränkt die Fee in einem See, um den Prinzen selbst zu heiraten. Danach schwimmt eine weiße Blüte auf dem See, diese wird gefunden und der Todeszauber wird gelöst. Über verschlungene Wege begegnen sich der Prinz und seine Fee aus dem Granatapfel wieder.

Worum geht es wirklich?

Ähnlich wie im vorangehenden Märchen lernen die Kinder, dass man mit Bosheit nicht dauerhaft gewinnen kann. Die Macht des Herzens ist größer als die Macht des Bösen. In diesem Fall kann selbst der Tod der Fee die Liebe zwischen ihr und dem Prinzen nicht zerstören.

Unterrichtstipps im Überblick:

- **Kreativkopf:** Eine Märchenfee basteln
- **Schlaukopf:** Afghanistan erkunden, über Flüchtlingskinder sprechen
- **Spielkopf:** Das Sänften-Tragespiel
- **Kochtopf:** Eine Bananenschnecke mit Obst herstellen

Die Fee aus dem Granatapfel

Ein Märchen aus Afghanistan

Vor langer, langer Zeit lebte in diesem braunen, von kahlen Bergen durchzogenen Land ein großer, reicher, alter König. In seinem Palast gab es prächtige Gärten; er wurde von einer hohen Lehmmauer gegen neugierige Blicke geschützt. Soldaten mit ihren im Wind flatternden weißen Pluderhosen und Hemden und um den Kopf geschlungenen weißen Turbanen umritten und bewachten ihn auf ihren zotteligen braunen Kamelen.

Eines Tages rief der alte König seine drei Söhne zu sich. „Ihr beide", sprach er, „habt euch wunderschöne, kluge Frauen genommen. Aber du, Nasim, mein Jüngster, hast noch nicht gewählt." Nasim verbeugte sich vor seinem Vater. „Ich suche nicht nur eine kluge und hübsche Frau, sondern eine Frau mit gütigem Herzen. Sie soll nicht nur alle anderen an Schönheit und Klugheit übertreffen, sondern diese Schönheit und Güte auch in ihrem Herzen tragen." „Da kenne ich nur eine Frau, die die richtige für dich wäre, mein Sohn. Suche nach der Fee aus dem Granatapfel."

Sofort machte sich Nasim auf die Suche nach der Fee aus dem Granatapfel. Er durchstreifte Monat für Monat das Land, doch niemand wusste, wo sie zu finden ist. Nasim setzte sich verzweifelt in den warmen, gelbbraunen Sand. Plötzlich berührte ihn jemand an der Schulter. Vor ihm stand ein alter Bettelmönch, sein langer weißer Bart reichte ihm bis zu seinem Gürtel. „Mein Sohn, was suchst du hier?", sprach er. Und Nasim erzählte ihm seine Geschichte. „Ich weiß, wo die Fee lebt. Nasim, fasse meinen Stock an, halte dich ganz fest und schließe die Augen."

Nasim ritt durch die Luft und landete vor einem unbekannten Palast neben einem Granatapfelbaum, unter dem ein mächtiger Riese Wache hielt. „Wer da und was will er hier?", herrschte er Nasim an. „Ich suche die Fee aus dem Granatapfel und möchte sie als meine Braut in mein Königreich führen." Der Riese antwortete: „Weiß er nicht, dass die Fee aus dem Granatapfel meine heißgeliebte Tochter ist? Ich schenke dir meine Tochter, wenn ich in deinen Armen schlafen darf." „Gerne", antwortete Nasim und der Riese schlief ein, und er schlief einen ganzen Monat. Nasim rührte sich nicht von der Stelle. Dabei begann der Riese immer mehr zu schrumpfen, bis er die Größe eines alten Mannes erreicht hatte und plötzlich seine Augen aufschlug.

„Du hast mich erlöst und mir meine alte Gestalt zurückgegeben", sprach er. „Als Lohn gebe ich dir meine Tochter." Dann deutete er auf den Granatapfelbaum: „Pflücke fünf Granatäpfel. Aber schaue nur geradeaus, blicke dich nicht um und beschütze die Fee aus dem Granatapfel." Nasim tat, wie ihm befohlen wurde, ehe ihn ein Sturm davontrug.

Als er seine Augen wieder öffnete, saß er unter einem Baum an einem glasklaren See. Als Nasim die fünfte Frucht öffnete, sah er sie. „Ich bin Roschana, die Fee aus dem Granatapfel und möchte deine Frau werden. Durch deine Geduld hast du meinem Vater und meinen vier Schwestern ihre menschliche Gestalt zurückgegeben." Nasim war überglücklich und ritt nach Hause, um die Hochzeit vorzubereiten.

Im See wohnte eine böse Zauberin. Als sie Roschana erblickte, rief sie: „Nasim schickt mich, ich soll dich zu ihm bringen." Doch sie ertränkte Roschana im See, zog ihre Gewänder an, nahm ihren Schleier und bedeckte ihr Antlitz. Als der Prinz zurückkam, entdeckte er auf dem See eine weiße Blüte. Er holte sie heraus und nahm sie mit. Dann führte er seine vermeintliche Braut nach Hause. Aber als er nach der Hochzeit den Schleier lüftete, erstarrte er vor Entsetzen. Doch er hatte sie

nun einmal geheiratet und musste sich schweren Herzens damit abfinden.

Da trug es sich zu, dass eine alte Frau in den Palast kam und um eine milde Gabe bat. Der Prinz begegnete ihr, schenkte ihr Geld und die weiße Blüte. Die arme Frau kehrte in ihre kleine Lehmhütte zurück, legte die Blüte behutsam in eine gläserne Wasserschale und ging zum Einkaufen auf den Markt. Als sie zurückkehrte, stand ein wunderschönes Mädchen vor ihr. „Lass mich deine Tochter sein, aber frage mich nichts, Mütterchen."

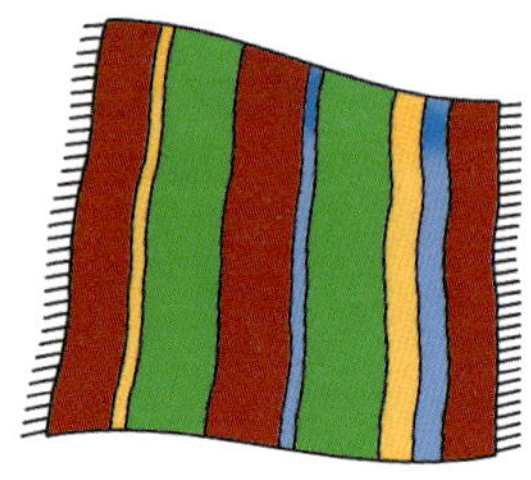

Wochen zogen ins Land. Das Mädchen webte wunderschöne Stoffe und bestickte sie prächtig. Einen besonders fein gewobenen Teppich schenkte sie ihrem alten Mütterchen. „Ich habe meine ganze Liebe und Sehnsucht in ihn hineingelegt, bewahre ihn für eine ganz besondere Gelegenheit gut auf", sprach das Mädchen. „Ich werde diesen Teppich dem Prinzen im Palast bringen, dessen Herz schwer ist und der nicht mehr lachen kann", antwortete das Mütterlein.

Als es um Einlass bat, wollte die Zauberin es vertreiben. Von diesem Geschrei wurde der Prinz angelockt und schnell breitete das Mütterchen den Teppich auf der Erde aus. Sofort strömte ein unsagbarer Blumenduft hervor. „Meine Tochter hat ihn gewebt." „Bitte begleite mich in das Haus deiner Tochter", bat der Prinz. Kaum hatten sie das kleine Haus betreten, erkannte er Roschana. In diesem Augenblick verwandelte sich ihr einfaches Kleid in ein glänzendes und glitzerndes Feenkleid. Dann berichtete Roschana alles, was ihr widerfahren war. „Mein Mütterchen hat die weiße Blüte mehr geschätzt als das Geld, das du ihr geschenkt hast. Dadurch wurde ich erlöst."

Als die böse Zauberin vernahm, dass Nasim mit Roschana auf dem Weg zum Palast sei, blieb ihr vor Wut und Neid das Herz stehen. Die beiden konnten heiraten. Nach dem Tode des

alten Königs regierten sie das große Königreich und sie waren die gütigsten, weisesten und gerechtesten Herrscher der Welt. Und wenn sie nicht gestorben sind, dann leben und regieren sie noch heute.

1. Kreativkopf: Eine Märchenfee basteln

Material: Wattekugel, Märchenwolle, Papier, dünner Vorhangstoff, weißes Band, Sternenglitter, Wackelaugen, Filzstifte, Klebstoff, Schere

Und so wird's gemacht: Die Kinder rollen aus Papier eine fingerdicke Rolle. Die Wattekugel wird als Kopf mit oder ohne Haarpracht gestaltet. Als Haar eignet sich Märchenwolle oder ein weihnachtliches dünnes Dekoband. Dann wird sie mit Wackelaugen ausgestattet. Die Gesichtszüge werden aufgemalt und der Kopf wird oben auf die Papierrolle geklebt. Lange Stoffstreifen, die um die Rolle gewickelt und festgeklebt werden, bilden das Kleid. Mit weißem Band kann sein Ansatz verdeckt werden. Wer mag, kann noch mit Sternenglitter dekorieren. Wenn man den Finger unter das Kleid in die Rolle steckt, hat man eine Fingerpuppe und die Fee wird lebendig.

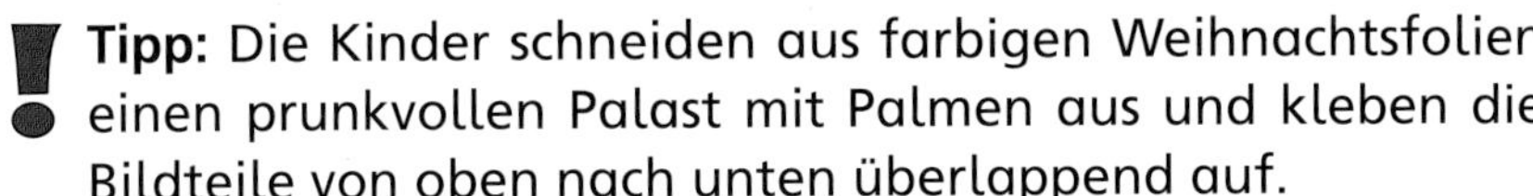

Tipp: Die Kinder schneiden aus farbigen Weihnachtsfolien einen prunkvollen Palast mit Palmen aus und kleben die Bildteile von oben nach unten überlappend auf.

2. Schlaukopf: Afghanistan erkunden, über Flüchtlingskinder sprechen

Stellen Sie Atlanten, Landkarten und einen Internetzugang zur Verfügung, damit die Kinder folgenden Fragen und Aufgaben nachgehen können:

- Suche im Atlas oder auf der Weltkarte das Land Afghanistan.
- Wie kommt man dorthin, welche Länder umgrenzen es, welche Landschaft und Farben herrschen dort vor?
- Warum sollte man das Land nicht als Tourist besuchen?
- Frage in deiner Schule nach, ob dort Kinder aus Afghanistan sind. Lade sie oder ihre Familie in den Unterricht ein und erfahre direkt und hautnah, was sie zu berichten haben.
- Was weißt du über den Granatapfelbaum und seine Frucht?

3. Spielkopf: Das Sänften-Tragespiel

Material: pro Kinderpaar ein Handtuch und ein Ball aus geknülltem Zeitungspapier

Spiel: Je zwei Kinder spannen zwischen sich ganz straff eine Handtuch-Sänfte. Legen Sie dem ersten Paar einen Zeitungsball auf die Sänfte. Es geht zum nächsten wartenden Paar und kippt den Ball, ohne dass er herunterfällt, in die nächste Sänfte. Das Spiel ist zu Ende, wenn alle teilnehmenden Paare die Tour geschafft haben. Fällt der Papierball herunter, wird er in die Sänfte zurückgelegt.

Tipp: Sie können das Spiel als Stafette spielen. Welche Gruppe ist am schnellsten und wird Sieger?

4. Kochtopf: Eine Bananenschnecke mit Obst herstellen

Zutaten und Material: feste, ungeschälte Banane, festes, kleines Obst (z. B. Mandarinen, kleine Pfirsiche, Aprikosen oder Äpfel) oder Gemüse, Plätzchen, Trockenfrüchte, Zahnstocher oder Schaschlikspieße zum Feststecken, Wackelaugen, Lebensmittelkleber, Stecknadeln

Und so wird's gemacht: Die ungeschälte Banane ist der Körper, für das Schneckenhaus werden mit Zahnstochern oder Schaschlikspießen Mandarinen, kleine Pfirsiche, Aprikosen oder Äpfel aufgesteckt. Alternativ können auch Gemüseteile, Trockenobst oder Plätzchen verwendet werden. Aufgeklebte Wackelaugen und mit kleinen Obstteilen bestückte Stecknadelfühler geben dem leckeren Tier den letzten Schliff.

Alternative 1: Einen Granatapfel-Trank mixen

Ein Granatapfel wird halbiert, die Kerne mit dem Löffel herausgelöst und zusammen mit sprudelndem Mineralwasser in ein Gefäß gefüllt. Stellen sie das Ganze 15 Minuten lang im Kühlschrank kalt, bevor die Kinder es trinken.

Alternative 2: Granatapfel-Quark zubereiten

Ein Granatapfel wird zum Lockern der Kerne zunächst mehrmals kräftig hin und her gerollt und dann halbiert. Die eine Hälfte wird ausgepresst, aus der anderen Hälfte werden die Kerne herausgelöst. Sechs Esslöffel Quark werden mit Vanillezucker, Zucker oder Honig und mit dem gepressten Granatapfelsaft verrührt. Sahne wird steif geschlagen, untergehoben und die Granatapfelkerne werden als Blickfang darauf gestreut.

17. Die geschwätzige Ehefrau und die Schlange

Ein persisches Märchen

Worum geht es in dem Märchen?

Eine Frau verbreitet mit Genuss böse Gerüchte aller Art, bis es der Mann nicht mehr erträgt und sie in eine Schlucht wirft. Als er sie dann retten will, zieht er nicht sie, sondern eine genervte Schlange herauf. Die beiden treffen ein Abkommen und der Mann wird dadurch reich.

Worum geht es wirklich?

Auch wenn das natürlich kein Grund ist, jemanden in eine Schlucht zu werfen: Geschwätzigkeit bringt die Gerüchteküche zum Brodeln. Sie ist kaum kontrollierbar, denn die Gerüchte verselbständigen sich. Die Kinder kennen dies auch durch Mobbing in der Schule und im Internet. Die Geschichte greift das Thema eher mit Humor auf, da nicht nur die Familie der geschwätzigen Frau genervt ist, sondern sogar eine tödliche Schlange in den Wahnsinn getrieben wird.

Unterrichtstipps im Überblick:

- **Kreativkopf:** Eine Kastanienschlange basteln
- **Schlaukopf:** Welche Schlangen gibt es eigentlich?
- **Spielkopf:** Schlangen ärgern
- **Kochtopf:** Eine Gemüseschlange herstellen

Die geschwätzige Ehefrau und die Schlange

Ein persisches Märchen

Vor langer Zeit lebten in Persien einmal ein Vater und eine Mutter mit ihren sieben Kinder. Die Mutter redete gerne und ziemlich viel. Ständig tuschelte sie mit ihrer Nachbarin, unterhielt sich mit jedem, und das vom frühen Morgen bis zum späten Abend. Immer hatte sie irgendetwas gehört oder gesehen, was sie unbedingt weitererzählen musste. Natürlich erzählte sie nicht nur von guten und schönen Dingen, nein, sie schimpfte über die Nachbarn und streute mit großem Vergnügen Gerüchte aus.

„Hör endlich auf, nur Schlechtes über die Leute zu erzählen", baten ihr Mann Ali und ihre Kinder sie immer wieder. Doch die geschwätzige Frau fand kein Ende. Eines Tages lud Ali seine Frau zu einem Ausflug ein. Als sie eine tiefe Schlucht erreichten, bat ihr Mann noch einmal: „Hör endlich mit deinen bösen Gerüchten auf, niemand will mit uns noch etwas zu tun haben!" Doch die Frau hatte kein Einsehen und da stieß ihr Mann sie in die Schlucht hinab.

Nach wenigen Tagen bereute Ali seine Tat, kehrte zur Schlucht zurück und ließ ein dickes, starkes Seil hinunter. „Frau, wenn du mir versprichst, mit deiner Gerüchteküche aufzuhören, ziehe ich dich herauf", rief Ali hinunter. „Ich verspreche es dir, ich gebe dir mein Ehrenwort", rief eine Stimme aus der Tiefe. Also ließ er das Seil hinab und begann zu ziehen. „Was bist du schwer geworden", stöhnte der Mann und zog und zog, und je mehr er zog, desto schwerer wurde die Last am Ende des Seiles.

Endlich hatte er es geschafft. Als er sich jedoch über den Rand des Felsens beugte, blieb ihm vor Schreck fast sein Herz stehen: Am Ende des Seiles hing nicht seine Frau, sondern eine große, dicke, lange, schwere Schlange kringelte sich daran. Entsetzt wollte er das Seil loslassen, aber da rief die Schlange: „Ziehe mich herauf und befreie mich um Himmels Willen von deiner geschwätzigen Frau. Seit sie in die Schlucht gefallen ist, jammert und schimpft sie ununterbrochen. Das ist nicht mehr zum Aushalten. Ich werde dich auch belohnen."

Ali antwortete: „Wie kannst du mich belohnen und mir helfen?" Die Schlange erwiderte: „Ich werde in den Königspalast gehen, mich dort um den Hals der Prinzessin legen, dann kommst du und befreist die Königstochter. Der König wird dich reich belohnen." Ali war zufrieden, zog die Schlange über den Felsrand und sofort kroch sie zum Königspalast. Dort angekommen legte sie sich wie ein Wollschal um den Hals der Prinzessin und niemandem gelang es, die Schlange zu entfernen.

Und wie die Schlange geraten hatte, meldete sich Ali, schlang sich einen großen Turban um die schwarzen Haare und eilte als Retter in den Palast. „Wer bist du?", fragte ihn die Palastwache barsch. „Ich bin ein bekannter Wahrsager und werde die Prinzessin befreien", antwortete Ali. Die Wache geleitete ihn in den Palast. „Lasst mich mit der Prinzessin alleine", rief er geheimnisvoll, „ich kann meine Kunst nur ausüben, wenn mir niemand zuschaut." Die Palastwache zog ab und die Prinzessin öffnete ihm ihre Tür. Ehrerbietig näherte sich Ali ihr, beugte sich dicht über den Schlangenkopf und raunte: „Halte dein Versprechen und verschwinde."

Leise zischelte die Schlange zurück: „Sofort, aber ich lege mich jemand anderem um den Hals und du lässt mich in Ruhe. Tust du das nicht, werde ich dich töten." Ali murmelte einige beschwörende Zauberformeln und flüsterte der Schlange zu: „Abgemacht." Sofort ließ die Schlange den Hals der Prinzessin los, kroch durch den Raum und verschwand durch das offene

Fenster. Die Prinzessin war überglücklich und der König ließ ein großes Fest ausrichten. Ali heiratete die Prinzessin und holte seine sieben Kinder zu sich in den Palast.

Nach einiger Zeit drang die Kunde aus dem fernen China bis in den Palast, dass die wunderschöne chinesische Prinzessin Li Chi Jang von einer großen, langen, dicken Schlange umschlungen worden sei. Und irgendjemand berichtete dem Kaiser von China, wie Ali auf wundersame Weise die persische Prinzessin befreit hatte. Dieser sandte sogleich seinen Großwesir mit Kamelen nach Persien. Der König rief Ali vor seinen Thron und sprach: „Mein Sohn, du hast voller Mut mein Kind gerettet, rette nun die Tochter des Kaisers."

Was sollte Ali tun? Die Schlange hatte ihm verboten, sich noch einmal einzumischen und ihm angedroht, ihn zu töten. Aber die Bitte des kaiserlichen Großwesirs konnte er nicht abschlagen. „Mein König", sprach Ali, „ich werde mich auf die lange, gefährliche Reise begeben." Unterwegs grübelte er nach, wie er diese Aufgabe lösen könnte. „Ich hab's", rief er zufrieden, „diese Idee ist gut."

Als er ankam, bejubelte das ganze Volk ihn als Retter. Ali ließ sich zur Prinzessin geleiten. „Lasst mich mit eurer kaiserlichen Hoheit allein", und alle verließen den Raum. „Habt ihr schon gehört, in meinem Reich hat sich etwas Entsetzliches zugetragen", begrüßte er die Prinzessin. „Stellt euch vor, dort ist aus einer tiefen Schlucht eine geschwätzige Frau entwichen, die monatelang ohne Pause redete." Die Schlange, die um den Hals der Prinzessin kuschelte, blickte wie erstarrt auf den Schlangenbeschwörer. Ali raunte der Prinzessin halblaut, sodass es die Schlange hören konnte, in ihr linkes Ohr: „Und stellt euch vor, diese Frau hat sich hierher auf den Weg zum kaiserlichen Palast gemacht." Dann tat Ali, als wolle er zum Fenster hinausspähen. „Ach du liebe Zeit, ich glaube, sie ist gerade angekommen, im kaiserlichen Palasthof laufen die Wachen zusammen", rief er. Kaum hatte die Schlange dies vernommen, ließ sie sofort den Hals der Prinzessin los und kroch blitzschnell davon. Und niemand hat die Schlange je wieder gesehen.

1. Kreativkopf: Eine Kastanienschlange basteln

Material: Kastanien, für Kinder geeigneter Handbohrer, Nadel, Garn, Perlen, Wackelaugen, Band

Und so wird's gemacht: In jede Kastanie wird ein Loch gebohrt. Mit Nadel und Faden werden im Wechsel Perlen und Kastanien auf die Schlangenkette aufreiht. Der Kopf wird mit Wackelaugen und einer Perlennase ausstaffieret.

Tipp: Wenn man ein Band an die Nase bindet, kann man die Schlange über den Tisch schlängeln lassen.

2. Schlaukopf: Welche Schlangen gibt es eigentlich?

Bringen Sie Bücher über Schlangen mit und organisieren Sie für die Schüler einen Internetzugang, damit sie die folgende Aufgabe lösen können. Die Kinder teilen sich in Gruppen auf und suchen sich ihre Lieblingsschlange aus. Sie recherchieren und suchen die Informationen zu den hier aufgelisteten Punkten, und tragen sie in eine Tabelle ein.

- Name, Gattung
- Lebensraum, das Land, in welchem man sie findet
- Größe, Farbe, Aussehen von Schuppen, Augen, Zunge, Zähnen
- Giftigkeit, Lieblingsfutter, Feinde
- Fortbewegung
- Fortpflanzung: lebendige Junge oder Eier, Aufzucht der Jungen
- Häutung, weitere Besonderheiten

Das Ergebnis wird vor der Klasse präsentiert.

3. Spielkopf: Schlangen ärgern

Vorbereitung: Jedes Kind bestückt ein Band mit einem Perlenkopf.

Tischspiel: Die Schüler bilden kleine Gruppen mit einem Spielleiter, sie sitzen jeweils um einen Tisch herum. Jeder fasst seine Schlange am Bandende an, die Perlenköpfe zeigen zur Mitte des Tisches. Der Spielleiter kreist mit dem Spielbecher über die Schlangen mit dem Satz: „Alle Schlangen schlängeln sich, ich die erste gleich erwisch“, und der Fangbecher saust herunter. Eingefangene Schlangen scheiden aus.

4. Kochtopf: Eine Gemüseschlange herstellen

Zutaten: Gurke, Möhren, Partytomaten, Ei, Rosinen, Schneidebrett, Messer

Und so wird's gemacht: Die Gurke wird in Scheiben geschnitten, diese werden überlappt zu einem Körper aneinandergereiht. Darauf werden Möhrenscheiben und Tomatenhälften gelegt. Der Kopf wird aus einer Eierhälfte mit Rosinenaugen gestaltet.

Tipp: Als weiteres Kriechtier kann eine Raupe zubereitet werden.

18. Warum das Meer salzig ist

Ein Märchen aus Japan

Worum geht es in dem Märchen?

Ein armer Bruder bittet seinen reichen Bruder in einer Notlage um Hilfe, die ihm dieser verwehrt. Als er einem alten Mann begegnet und die Aufgaben löst, die dieser ihm stellt, bekommt er ein wertvolles Geschenk. Die Geschichte wendet sich, und er wird reich. Der neidische Bruder beobachtet ihn, entdeckt das Geheimnis und stiehlt das Geschenk. Der Diebstahl soll ihm aber zum Verhängnis werden.

Worum geht es wirklich?

Der Neid und die übermäßige Gier des reichen Bruders führen zu keinem guten Ende. Dies soll die Kinder zum Nachdenken über Fairness, Hilfsbereitschaft, Neid und die daraus entstehenden Folgen anregen. Fordern Sie sie auf, die Geschichte mit einem anderen Verlauf oder einem anderen Ende neu zu erfinden.

Unterrichtstipps im Überblick:

- **Kreativkopf:** Ein japanisches Boot basteln
- **Schlaukopf:** Ein Experiment zur Salzgewinnung durchführen
- **Spielkopf:** Ein Schattenfiguren-Theater aufführen
- **Kochtopf:** Ein Paprikaboot mit Fahrer herstellen

Warum das Meer salzig ist

Ein Märchen aus Japan

Vor langer Zeit lebten zwei Brüder auf einer Insel in Japan. Der Ältere hatte vom Vater alles geerbt, er war reich geworden und lebte ohne Sorgen und Nöte. Dem Jüngeren wurde nichts als eine kleine, einfache Holzhütte mit einem kleinen, braunen Feld vermacht. Dort lebte er arm und bescheiden mit seiner Frau und bestellte sein Feld.

Die Ernte fiel in diesem Jahr aus, denn es hatte nicht geregnet. Der letzte Reis war aufgebraucht, die Vorratskammer war leer. Was sollte er nur tun? „Ich werde meinen reichen Bruder aufsuchen und ihn um Hilfe bitten", sagte er zu seiner Frau. Er schnürte seine wenigen Habseligkeiten in einem Bündel zusammen und machte sich auf den Weg. Dort angekommen berichtete er seinem reichen Bruder von der Trockenheit, der Missernte und ihrer Not, zu verhungern. Doch sein Bruder war als Geizkragen und als unfreundlicher Mensch weit und breit bekannt. „Von mir bekommst du nichts, verschwinde und sieh zu, wie du zurechtkommst."

Verzweifelt und niedergeschlagen machte sich der arme Bauer schweren Herzens auf den Heimweg. Als er an einer kleinen Höhle vorbeiging, stellte sich ihm ein alter, gebeugter Mann in den Weg und sagte mit zittriger, brüchiger Stimme: „Dein Weg ist sicher noch weit und morgen beginnt das neue Jahr. Hast du schon deine Opfergaben für die Götter bereitgestellt?" Der Bauer antwortete niedergeschlagen: „Unsere Vorräte und unser Wein sind schon lange aufgebraucht, wir selbst hungern und ich bin sehr traurig, den Göttern keine Opfergabe bringen zu können." Und er erzählte ihm von seinen vergeblichen Weg zu seinem wohlhabenden Bruder.

Der alte, gebeugte Mann schaute ihn freundlich an und erwiderte: „Ich weiß, dein Herz ist schwer – und deshalb möchte ich dir dies hier schenken", und er reichte ihm einen gefüllten kleinen Kuchen. Ehe er weiterging, rief er dem Bauern nach: „Gehe zum Tempel, dort findest du einen alten, knorrigen Baum. Im Gebüsch versteckt leben in der kleinen Höhle meine Freunde, die Zwerge. Öffne die Eingangstür und übergib ihnen dieses kleine Geschenk. Dafür werden sie dir Gold anbieten, das du nicht annehmen darfst. Bitte sie stattdessen um eine kleine, steinerne Mühle."

Sofort machte sich der Bauer auf den Weg und er beobachtete, wie sich einige Zwerge vergeblich bemühten, einen schweren Wurzelstock aus der Erde zu wuchten. Er eilte hinzu, packte an und zog die Wurzel mit einem Ruck heraus. Sprachlos schauten die Zwerge den vor ihnen stehenden „Riesen" an. Der Bauer zog das duftende Gebäck aus der Tasche und bot es den kleinen Männchen an. „Wer davon isst, erhält Bärenkräfte", sprach er und sofort griffen die Zwerge zu.

Der Bauer erinnerte sich an die Worte des alten Mannes: „Also, wenn ihr den duftenden Krapfen essen wollt, bin ich bereit zu einem Tauschhandel." Sofort eilten die Zwerge in ihre Höhle und kehrten mit Goldstücken zurück. „Nein, ich möchte kein Gold, sondern würde lieber die dort im Grase liegende alte Steinmühle nehmen", erwiderte der Bauer. Sofort streckten die Zwerge ratlos ihre Köpfe zusammen, tuschelten aufgeregt, schüttelten ihre Köpfe und riefen: „Wir hängen so sehr an der alten Steinmühle, nein, wir können sie nicht tauschen!" Der Bauer steckte das Gebäck in die Tasche und wollte weitereilen. „Halt, warte, wir tauschen doch!" Und so geschah es.

Der Bauer ging den Weg zurück und traf den alten Mann wieder: „Da bist du ja und wie ich sehe, hast du meinen Rat befolgt. Drehe die Mühle nach rechts, sprich einen Wunsch aus und er geht in Erfüllung und dann drehe sie nach links und sprich: ‚Es reicht.'"

So schnell ihn seine Füße trugen, eilte er nach Hause, rief seine Frau zu sich und berichtete ihr alles. Leise und feierlich drehte er die Mühle nach rechts und sprach: „Ich wünsche mir Reis", und sofort rieselte weißer, körniger Reis herunter. Rasch drehte er die Mühle nach links, rief: „Es reicht." Er drehte erneut nach rechts: „Dazu wünsche ich mir gebratenen Fisch", und sein Wunsch erfüllte sich. Er drehte wieder nach links, sprach das Zauberwort und der Fischregen hörte auf. So wünschten sich die beiden alles, was sie benötigten oder was ihr Herz begehrte. Bald hatten sie ein Haus, einen Stall und Tiere. Als sie sich alle Wünsche erfüllt hatten, luden sie voller Dankbarkeit das ganze Dorf zum Neujahrsfest ein.

Von diesem plötzlichen Reichtum hörte auch der geizige Bruder, und so schnell er konnte, eilte er zu ihm. Und was er erblickte, war ungeheuerlich, er glaubte zu träumen. „Ich muss unbedingt hinter dieses Geheimnis kommen", murmelte er neidisch vor sich hin. Als sich ein Besucher etwas wünschte, schlich er seinem Bruder nach, versteckte sich, blickte verstohlen durch die Stallritze und sah und hörte alles. In einem unbemerkten Augenblick schnappte er sich die Mühle und schlich sich auf und davon.

Er rannte zu seinem Boot, bestieg es und fuhr weit auf das Meer hinaus. Er frohlockte: „So, nun werde ich der reichste und mächtigste Mann der Welt. Ich probiere das Ding mit einem einfachen Wunsch erst einmal aus. Er drehte die Mühle nach rechts, rief: „Ich wünsche mir Salz, das weiße Gold der

Erde“, und sofort rieselte es unermüdlich herunter und füllte das Boot. Er versuchte, den Wunsch zu beenden, was immer er aber in seiner Angst rief, das Salz rieselte unaufhörlich in sein Boot, bis es sank. Er schrie und zappelte, weil er aber nicht schwimmen konnte, ertrank er. Auch die Mühle sank auf den Grund des Meeres und drehte sich weiter und weiter, bis heute. Und deshalb ist auch heute noch das Meerwasser überall auf der Erde salzig und wird auch immer salzig bleiben.

1. Kreativkopf: Ein japanisches Boot basteln

Material: Spanholz, Holzfurnier oder Tonkarton, Schere, Klebstoff, Lineal, Bleistift, Füllung (wahlweise Styroporbällchen, Reiskörner oder andere nicht zu schwere „Ladungen“)

Und so wird's gemacht: Ein Rechteck wird zugeschnitten, an beiden Schmalseiten werden zwei Schnitte angebracht für Seite, Bodenfläche und Seite und überlappend auf den mittleren Teil festgeklebt (siehe Foto). Anschließend wird das Boot gefüllt.

Tipp 1: An einem Zahnstocher wird ein aus einem quadratischen Papierstück diagonal gefaltetes Segel angefügt, in ein Korkstück gesteckt und im Boot eingeklebt.

Tipp 2: Die Kinder lassen die Boote in allen Größen auf einem See aus Seidentuch schwimmen.

Alternative: Die Kinder gestalten aus Flaschenverschlüssen ein Boot mit einem Papiersegel.

2. Schlaukopf: Ein Experiment zur Salzgewinnung durchführen

Material: Schälchen oder durchsichtige Gläser, Salz, Teelöffel

Und so wird's gemacht: Die Kinder rühren in Wasserschälchen oder Gläser viel Kochsalz ein, bis es sich aufgelöst hat. Sie stellen die Gefäße unbeweglich und ohne Abdeckung an unterschiedlichen Orten auf: auf die Heizung, in die Sonne, auf dem Schrank, im Kühlschrank, im Keller. Dann entwickeln sie einen Beobachtungsbogen und tragen täglich ein, was ihnen auffällt.

! **Tipp 1:** Lassen Sie das Salzwasser bei 150° im Backofen etwa 60 Min. lang „backen". Beobachten Sie gemeinsam, was geschieht.

! **Tipp 2:** Lassen Sie die Kinder zu unterschiedlichen Salzarten, den „Salzkriegen" und über die weiteren Arten der Salzgewinnung recherchieren.

3. Spielkopf: Ein Schattenfiguren-Theater aufführen

Material: Karton, Schere, Holzstäbe, Reißnägel, großes weißes Tuch, Teppich, Schreibtischleuchte und evtl. Verlängerungskabel, für den Türrahmen: doppelseitiges Klebeband

Spiel: Aus Karton werden die Figuren des Märchens als Schattenfiguren geschnitten. Diese werden an einem Stab mithilfe von Reißnägeln befestigt. Im Türrahmen wird ein weißes Tuch aufgespannt und in Schülerhöhe mit einem blickdichten Teppich abgehängt (z. B. mit doppelseitigem Klebband). Alternativ können Sie den Vorhang an einem Stab befestigen und beidseitig eine Schnur anbinden, diesen dann an zwei kleinen Deckenhaken einfädeln und aufhängen.

Der obere Teil wird mit einer Schreibtischlampe beleuchtet. Neben dieser Schattenbühne sitzt ein Schüler und liest das Märchen vor. Die Spieler bewegen dazu stumm ihre Figuren und lassen das Märchen lebendig werden.

4. Kochtopf: Ein Paprikaboot mit Fahrer herstellen

Material: Paprika, Radieschen, Trauben, Rosinen, Zahnstocher, Messer, Teller oder Schneidebrett

Und so wird's gemacht: Die Paprika wird mittig durchgeschnitten, der Strunk entfernt und die Kerne werden herausgenommen. Die ausgehöhlte oder umgedrehte Paprika wird der Schiffsbauch. Zwei Radieschen finden als Waren Platz in der Paprika. Als Fahrer werden zwei Trauben auf einen Zahnstocher gespießt, der Arme aus Rosinen bekommt.

Alternative: Eine Paprika wird ausgehöhlt und mit der Öffnung nach oben gelegt. Die Kinder füllen sie mit Paprikastücken, Salat, Brotwürfeln und Gemüse wie Mais, Champignons oder mit Käsestücken. Das Boot wird auf Vollkornbrot oder ein Brötchen gesetzt. Als Kajüte wird ein Kohlrabi-Stück verwendet und Segel aus Gurkenstreifen werden hinzugefügt.

19. Der Glücksvogel

Ein Märchen aus der Türkei

Worum geht es in dem Märchen?

Der Bettler Selim lebt mit seiner Frau Elif in der Osttürkei. Als er ein Goldstück erhält, kauft er Essen und einen kleinen Vogel. Dieser hat ein Geheimnis. Er legt Smaragdeier, und beide werden durch ihn reich. Elif bringt ihren Sohn Mehmet zur Welt, und während Selim nach Mekka pilgert, lernt sie einen Händler kennen. Dieser verspeist den gebratenen Vogel, um Kaiser zu werden. Doch dann kommt alles anders.

Worum geht es wirklich?

Ehrlichkeit und ein gutes Herz werden belohnt, wie dieses Märchen aus der Türkei zeigt. Nur deshalb wird Selim reich, und auch sein Sohn kann, dem schlechten Verhalten der Mutter zum Trotz, sogar zum Kaiser werden.

Unterrichtstipps im Überblick:

- **Kreativkopf:** Einen Kokosnuss-Drachen basteln
- **Schlaukopf:** Die türkische Kultur und Lebensweise kennenlernen
- **Spielkopf:** Gedankenlesende Steine – ein Partnerspiel
- **Kochtopf:** Glücksmuffins backen

Der Glücksvogel

Ein Märchen aus der Türkei

Es lebte einmal, und das ist schon lange her, der fromme Bettler Selim in einem fruchtbaren Tal in einer kleinen Stadt im Osten des großen Landes Türkei. Er wohnte mit seiner Frau Elif in einem kleinen Haus aus grauen Steinen und lebte von den milden Gaben, die mitleidige Menschen ihnen schenkten.

Eines Tages begegnete er einem Fremden, der blieb vor ihm stehen und sprach: „Ich bin Erol und möchte dir etwas schenken. Hier habe ich zehn Goldstücke in meiner rechten Hand, die habe ich durch List erworben, und in meiner linken Hand halte ich ein Goldstück, das habe ich durch Arbeit verdient. Welche Hand möchtest du haben?" Der Bettler überlegte nicht lange, deutetet auf die linke Hand und meinte: „Ich nehme die linke Hand, denn dieses eine hast du ehrlich erworben, obwohl zehn Goldstücke meine Lage erheblich verbessern würden." Der Fremde reichte es ihm und verschwand im dichten Gedränge des bunten und lauten Basars.

Selim eilte sofort auf den Gemüsemarkt und kaufte Essbares ein. Für das Restgeld suchte er nach einem kleinen Geschenk für seine Frau. Rasch wurde er sich mit einem Vogelhändler einig, erstand einen Vogel mit prächtigem Gefieder und den passenden Vogelkäfig dazu. Glücklich erreichte Selim sein kleines Steinhaus.

Doch Elif schimpfte ihn aus: „Ja spinnst du, einen Vogel zu kaufen, wo wir selbst fast nichts zu essen haben? Nun muss ich diesen unnützen Esser auch noch durchfüttern!" Selim achtete nicht auf die Worte seiner hübschen, erzürnten Frau, denn er liebte sie über alle Maßen. Er hängte den Käfig mit dem prächtigen, herrlich singenden Vogel am offenen Fenster auf. Sooft er Zeit fand, setzte er sich zu ihm, streichelte zart über sein Federkleid und sprach mit ihm.

Eines Tages plusterte sich der Vogel auf, schüttelte sein Gefieder und staunend entdeckte Selim, wie ein kleiner, kostbarer grüner Smaragd herausfiel. Er nahm den Edelstein, rannte zum Basar und erhielt hundert Goldstücke. Jeden Abend fand er einen weiteren Edelstein, Tag für Tag. Selim und Elif wurden reich und angesehen und kauften sich ein großes, prächtiges Haus.

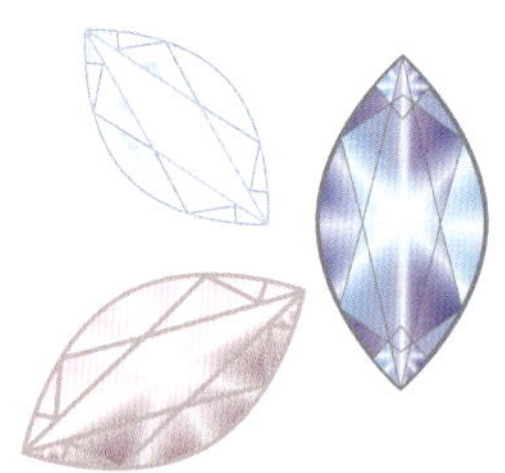

Ein Jahr später brachte Elif den heiß ersehnten Sohn Mehmet zur Welt. Selim, der nun ein sehr reicher Mann war, beschloss, Allah seine Dankbarkeit zu zeigen: „Ich werde zu einer Pilgerfahrt nach Mekka aufbrechen und bin viele Monate fern von euch, denn die Reise ist lang und weit. Ich lege dir unseren Sohn, unser Haus und den Vogel an dein Herz. Pass gut auf sie auf." Und Selim begab sich auf die ferne Reise nach Mekka.

Nach einiger Zeit wurde es Elif zu langweilig und sie verliebte sich auf dem Basar in den jungen Händler Muharrem. Eines Abends berichtete ihm Elif voller Stolz, wie sie vom Bettlerleben zu diesem Reichtum gelangt waren. „Dieser Vogel macht Menschen reich?", murmelte er vor sich hin und erzählte diese unglaubliche Geschichte seinem weit gereisten Freund. „Ja, so ein Vogel legt Edelsteine, aber wer ihn vollständig verspeist, wird der nächste Kaiser des Landes. Hast du das gewusst?", sagte sein Freund.

Und als Muharrem wieder bei Elif war, nahm er sie in den Arm und bat: „Wenn du mich wirklich liebst, brate mir den Vogel." Und so wurde der Vogel gebraten. Der kleine Sohn Mehmet weinte darüber bitterlich. Die Kinderfrau riet: „Gib deinem Sohn einen kleinen Teil ab, dann wird er sich beruhigen." Und

Mehmet erhielt ein Stück, während Muharrem genüsslich den Rest des Vogels verspeiste. „War dies wirklich der ganze Vogel?", fragte er misstrauisch nach, und als Elif gestand, dass Mehmet ein klitzekleines Stück davon kosten durfte, sprang er wütend auf und schrie: „Das war mein Vogel! Wenn du deinem Sohn davon ein Stück gegeben hast, so fordere ich dich auf, mir deine Liebe erneut zu beweisen und deinen Sohn zu opfern."

Dies hörte die Kinderfrau, in der Nacht nahm sie alles Geld, das sie im Hause finden konnte, wickelte Mehmet in ein Tuch und verließ heimlich das Haus. Nach vielen Tagen erreichte sie die Kaiserstadt, mietete sich eine kleine, bescheidene Wohnung und lebte mit Mehmet glücklich und zufrieden. Muharrem suchte vergeblich nach dem Knaben und seine Wut war so groß, dass eines Tages sein gieriges Herz stehen blieb und er starb. Als Selim von der Pilgerreise nach Hause zurückkehrte, fand er seine Frau bleich und weinend vor. „Was ist geschehen?", rief er erschrocken. „Alle sind gestorben, nur ich bin noch am Leben", schluchzte Elif.

Mehmet aber wuchs heran, aus dem Knaben wurde ein tapferer, kluger junger Mann. Eines Tages ritt er auf seinem weißen Pferd am Sommerpalast des Kaisers vorbei. Aus dem Fenster beugte sich in diesem Augenblick die junge, hübsche Tochter des Kaisers. Mehmet verliebte sich in sie und auch die Prinzessin verlor ihr Herz an Mehmet. Heimlich trafen sie sich Tag um Tag. Eines Morgens, als Mehmet wie jeden Tag an ihrem Fenster vorbeiritt, rief sie: „Ich bin das einzige Kind des Kaisers und mein Vater hat eine schwierige Bedingung gestellt: Nur der Mann darf mich heiraten, der in der braunen, baumlosen, heißen Steppe den dort hausenden, gefährlichen, scheußlichen Drachen mit dem riesigen Kopf erlegt." Mehmet antworte: „Für dich setze ich mein Leben aufs Spiel. Ich werde den schrecklichen Drachen bezwingen, auch wenn diesen Kampf bisher niemand überlebt hat."

Mehmet rüstete sich für den Drachenkampf und ritt auf seinem weißen Pferd in die Steppe hinaus. Schon von weitem sah und hörte er den riesigen, scheußlichen, schlafenden Drachen im niedrigen gelbbraunen Steppengras. Als er näher kam, erkannte er, dass sein Drachenkörper ein rot züngelnder, glühend heißer Feuerball war. Mehmet zog leise und vorsichtig sein scharfes Schwert, holte weit aus und tötete das Ungeheuer mit einem einzigen, wuchtigen Hieb.

Dann hob er den Drachenkopf auf und ritt zum Kaiserpalast zurück.

Wie ein Lauffeuer verbreitete sich die erlösende Kunde. Alle Würdenträger des Landes liefen herbei, um dem jungen Helden zuzujubeln. Der Kaiser empfing ihn sofort, und voller Stolz und Freude gab er Mehmet seine Tochter zur Frau. Drei Tage dauerte das prächtigste Hochzeitfest, welches das Kaiserreich je erlebt hatte. Und da der Kaiser schon alt war und die Klugheit, den Mut und die Bescheidenheit seines neu gewonnenen Sohnes sehr schätze, rief er ihn zu sich vor seinen goldenen Thron: „Mein Sohn, hiermit übergebe ich dir das Kaiserreich, du wirst mein würdiger Nachfolger sein." So wurde Mehmet unter dem großen Jubel des ganzen Volkes zum neuen Kaiser gekrönt. Und solange er mit seine Königin lebte, wohnte das Glück in ihrem großen Reich.

1. Kreativkopf: Einen Kokosnuss-Drachen basteln

Material: Kokosnuss, Tonpapier in unterschiedlichen Farben, Schere, Klebstoff, Farben

Und so wird's gemacht: Aus einem zusammengefalteten Papierstreifen wird ein Ring gedreht und zusammengeklebt, um darauf die Kokosnuss zu stellen. Je zwei Vorder- und Hinterpfoten sowie der Hals mit Kopf werden aus zwei übereinandergelegten Lagen Tonpapier zugeschnitten. Am Halsende wird mittig ein Stückchen eingeschnitten, beide Seiten werden in verschiedenen Richtungen nach außen umgefaltet, um als Klebefuß auf die Kokosnuss geklebt zu werden. Aus Tonpapier in einer anderen Farbe werden Halszacken ausgeschnitten, zwischen die beiden Papierlagen des Halses eingefügt und alles wird zusammengeklebt. Rücken- und Schwanzzacken werden ebenfalls zugeschnitten, der Rückenteil an mehreren Stellen unten etwas eingeschnitten, zum Klebefuß umgeknickt und an der Kokosnuss festgeklebt.

2. Schlaukopf: Die türkische Kultur und Lebensweise kennenlernen

Ermutigen Sie türkische Schüler in Ihrer Klasse, eine Reportage über ihr Ursprungsland zu machen. Falls kein Kind aus der Türkei in der Klasse ist, finden Sie vielleicht jemand anderen in der Schule oder in Ihrem Umfeld.

Lassen Sie sich etwas über Land und Leute berichten, aber auch über Mekka und den Ramadan. Sehr schön kann es auch werden, wenn sich türkische Eltern bereitfinden, ein Festessen in der Klasse zu zelebrieren, z. B. zum Zuckerfest am Ende des Fastenmonates Ramadan.

3. Spielkopf: Gedanken lesende Steine – Partnerspiel

Material: Nüsse, Steinchen, Perlen, Muscheln, Knöpfe o. Ä.

Spiel: Der Spielpartner dreht sich um, während der Spieler in seiner geschlossenen Faust Perlen, Haselnüsse, kleine Muscheln Knöpfe o. Ä. im Zahlenraum von eins bis zehn versteckt. Der Partner soll erraten, wie groß die unsichtbare Menge ist. Drei Versuche sind möglich. Der Spieler kann Hilfe anbieten durch die Hinweise „mehr" oder „weniger". Anschließend tauschen die Partner.

Alternativ können Sie das Spiel auch mit einer Gruppe spielen: Mehrere Kinder versuchen die zu erratende Zahl zu nennen. Wer knackt das Rätsel? Wer kommt am dichtesten an die Zahl heran?

4. Kochtopf: Glücksmuffins

Zutaten und Material: kleine, selbst gebackene oder gekaufte Muffins, Nüsse und kleine Süßigkeiten aller Art, Puderzucker und Zitronensaft oder Kuvertüre, Topf und Herd, Schälchen, Teelöffel, Teller, Zellophanpapier zum Einpacken

Und so wird's gemacht: Die Kinder rühren aus Puderzucker mit etwas Zitronensaft einen Guss im Schälchen an oder schmelzen die Kuvertüre im Topf auf dem Herd. Sie tragen den Guss mit dem Teelöffel auf die Muffins auf und dekorieren sie mit Nüssen und/oder Süßigkeiten.

Die Muffins können selbst verspeist, verschenkt oder zu einem besonderen Schulanlass verkauft werden. In Zellophanpapier halten sie sich länger frisch.

20. Wie die Delfine auf die Erde kamen

Ein Indianermärchen aus Südargentinien

Worum geht es in dem Märchen?

Maketu, ein Indianerjunge, hat schreckliche Angst vor jeglicher Form von Wasser und wird deshalb von den Kindern ausgelacht. Da beschließt er wegzulaufen. Er begegnet dem Geist des Meeres. Dieser macht ihm Mut, Schwimmen zu lernen und wird sein bester Freund. Ob Maketu in sein Dorf zurückkehren wird?

Worum geht es wirklich?

Kinder lieben Indianergeschichten und Delfine haben eine besondere Anziehungskraft. Erst eine besondere, zufällige Begegnung macht Maketu stark, seine Ängste zu überwinden, um letzten Endes glücklich zu werden.

Unterrichtstipps im Überblick:

- **Kreativkopf:** Eine Delfinplastik gestalten
- **Schlaukopf:** Präsentation und Vorlesewettbewerb
- **Spielkopf:** Indianerrätsel erstellen und lösen
- **Kochtopf:** Ein Indianerdorf mit Wigwams aus Eiswaffeln bauen

Wie die Delfine auf die Erde kamen

Ein Indianermärchen aus Südargentinien

Im Indianerland, wo die großen, kühlen Meereswellen murmelnd und hastig an den Strand eilen, lebte einst ein kleines Indianervolk in seinen weißen, hohen, mit Leder überzogenen, weit in den Himmel ragenden Indianerzelten. Kaum hatte die Morgenröte die dunkle Nacht vertrieben, kräuselte sich zwischen den oberen Zeltstangen leichter, weißer Rauch in den Himmel. Der Häuptling rief seine Krieger zur Jagd. Bewaffnet mit Pfeil und Bogen stiegen sie auf die blanken Rücken der Pferde und stürmten in die weite Pampa hinaus. Traurig schaute Maketu den reitenden Männern nach. Er ärgerte sich, dass er noch zu klein war, um an der Jagd teilzunehmen und sehnte sich danach, groß zu sein, um auch bei der Jagd nach Lamas, Wölfen oder Füchsen dabei zu sein.

Einige Kinder zogen zu den murmelnden Wellen ans Meer hinunter, dort tauchten sie nach Muscheln oder fingen mit bloßen Händen geschickt glitschige Fische. Nur Maketu hatte an diesem Vergnügen keine Freude, er fürchtete sich vor dem Wasser. Dabei spielte es keine Rolle, ob das erfrischende Nass von oben aus den dunklen Wolken stürzte oder aus den Tiefen des Meeres aufstieg und an den flachen Sandstrand rollte. „Du bist ja wasserscheu", lachten die Kinder und formten mit den Händen kleine Schalen, um den ängstlichen Maketu zu bespritzen. Andere riefen gar „Angsthase", und das verletzte ihn immer mehr.

Maketu zog sich immer mehr zurück. Und als sie eines Tages lachend und schreiend riefen: „Feigling, Feigling", beschloss Maketu wegzulaufen. Er lief barfüßig durch den warmen, weichen Sand, spürte die Sandkörner zwischen seinen Zehen

und die Sonne auf seinem Rücken. Er lief und lief, bis der Abend kam und sich ein funkelnder, silberglänzender Sternenhimmel über ihm wölbte. Er verkroch sich in das graue Fell eines alten Wolfes, das er mitgenommen hatte.

Als der Tag warm am Himmel aufstieg, fühlte er eine feine, zarte Berührung. Neben ihm saß eine seltsame Gestalt, ein alter Mann mit langen, dürren Armen, breiten Händen wie Froschpfoten und Füßen wie Fischschwänzen. Seine großen, tellerrunden Fischaugen glotzten Maketu neugierig an. „Hab keine Angst", grummelte er und zeigte seine weißen, großen Zähne, die in der Morgenröte wie Diamanten aufleuchteten.

„Ich bin der Geist des Meeres und mein Reich liegt tief unten auf dem Meeresboden." Maketu starrte den Meeresgott ungläubig an und flüsterte: „Und was willst du von mir?" „Ich weiß, warum du so traurig bist und warum du weggelaufen bist." Dann lauschten beide der Stille des erwachenden Tages. „Ich helfe dir, deine Angst vor dem Nass des Himmels und des Meeres zu überwinden. Vertrau mir und ich werde dich lehren, wie man schwimmt. Dann kannst du zu deinem Stamm zurückkehren." Der Meeresgeist erhob sich, stürzte sich in die heranrollenden Wellen, weit draußen ragte er aus dem aufgekräuselten Meereswasser auf und winkte dem Jungen zu: „Morgen früh bin ich wieder hier. Fang diese Muschel auf und verspeise sie, sobald die Sonne am Rande des Meeres ihr leuchtend rotes Gesicht zeigt."

Das Meer glättete sich und der Geist war untergetaucht. Als die Sonne die Sterne am Himmel vertrieb, erwachte Maketu, reckte und streckte sich und sein Fuß stieß an die große, ungeöffnete weiße Muschel, die vor ihm im weichen Sand lag. „Dann habe ich das alles nicht nur geträumt", murmelte er vor sich hin, bückte sich, nahm die Muscheln in die Hand, öffnete sie und schlürfte sie, ohne zu zögern, aus. Da kam der Meeresgeist zurück und jeden Morgen fand er eine frische weiße Muschel, öffnete und schlürfte sie aus. „Ich muss mich nun von dir

verabschieden", sprach der Geist des Meeres am fünften Abend. „Geh zurück zu deinem Stamm in dein Indianerdorf."

Maketu machte sich auf den Heimweg. Doch er traute sich nicht in sein Indianerdorf zurück, sondern übernachtete noch einmal am Strand des Meeres. Als die Fischer ihre aus einem einzigen Holzstamm gefertigten Boote ins Wasser zogen, sahen sie, wie ein kleiner Junge in das blaugrüne Meer lief. Es war Maketu und, ohne zu zögern, lief er weiter und versank plötzlich.

„Er ist ertrunken", riefen die Fischer und wollten zu Hilfe eilen. In diesem Augenblick tauchte Maketu aus dem Meer auf, ritt über den lang gezogenen weißen Wellenkamm und sprang zurück ins Meer. Und dieses Schauspiel wiederholte sich viele Male. „Ist das nicht Maketu?", riefen die Fischer, „der Indianerjunge, der sich vor dem Wasser fürchtete und weglief?" Maketus Hände und Füße verwandelten sich mit jedem Sprung in Flossen, sein Körper schob sich zusammen, wurde silbergrau und nahm allmählich Form und Gestalt eines Delfins an. Fasziniert schauten die Fischer zu und vergaßen ganz, zum Fischfang hinaus aufs Meer zu fahren. Und ehe es Abend wurde und sich die Sonne als blutroter Ball am Himmelsende auf dem Meeresgrund zum Schlafen legte, war aus Maketu ein Delfin geworden.

Von diesem Tag an begleitete der kleine Delfin Maketu die Indianerboote, wenn sie zum Fischfang hinaus aufs Meer fuhren und trieb den Fischern Fischschwärme zu. Manchmal entfernte er sich von den Booten und sprang voller Lebensfreude über das Wasser. Aber wenn die Indianer ganz genau hingesehen hätten, hätten sie bemerkt, dass der Geist des Meeres mit ihm um die Wette schwamm und ihn dabei in die Luft warf. Und das ist heute noch so.

1. Kreativkopf: Eine Delfinplastik gestalten

Material: Zeitungspapier, Garn, Alufolie, Wackelaugen, Klebstoff

Und so wird's gemacht: Die Kinder knüllen aus Zeitungspapier den Körper samt Flossen sehr fest und umwickeln ihn immer wieder straff mit Garn. Sobald die Figur fertig ist, wird sie mit etwas Alufolie ummantelt und die Augen werden aufgeklebt. Sie können an der Wand des Klassenraums eine Delfinwanderung mit allen fertigen Plastiken gestalten.

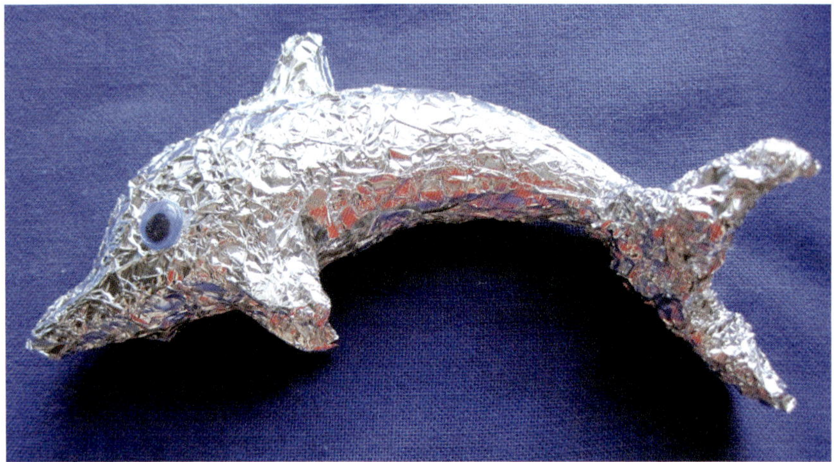

Alternative 1: Lassen Sie Relieffische und Delfine aus Alufolie knüllen, befestigen Sie sie auf einem blauen Tuch mit Stecknadeln oder arrangieren Sie sie auf einem Karton, der das Meer darstellt, zu einem Reliefbild.

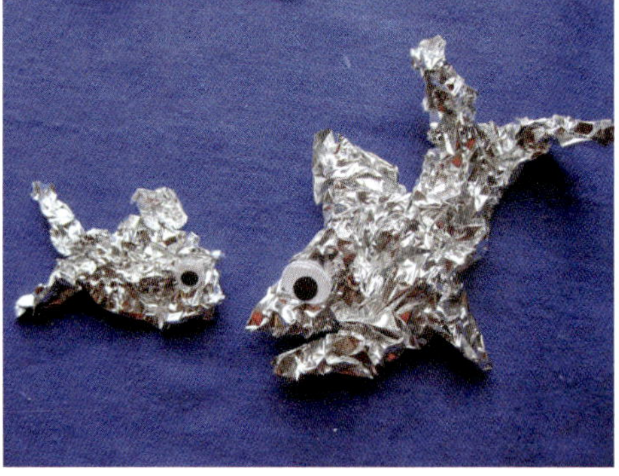

Alternative 2: Die Kinder malen Delfinbilder, kleben sie aneinander und erstellen einen Wandfries.

Alternative 3: Das Leben im Ozean wird als Scherenschnitt-Collage nachgebildet.

2. Schlaukopf: Präsentation und Vorlesewettbewerb

Delfine sind für jedes Kind magisch. Tragen Sie gemeinsam Vorwissen zusammen. Leihen Sie gezielt in der Stadtbücherei Bildbände und Bilderbücher aus. Die Kinder können sie lesen und dann präsentieren, was sie über das Leben unter Wasser wissen und gelernt haben.

Alternative: Organisieren Sie Bücher mit Indianergeschichten, damit die Klasse bzw. die Schule einen Vorlesewettbewerb veranstaltet. Allen teilnehmenden Schülern, Lehrern und Eltern wird zum Abschluss feierlich ein Indianerdiplom überreicht.

3. Spielkopf: Indianerrätsel erstellen und lösen

Vorbereitung: Jeweils ein Team (zwei bis vier Kinder) denkt sich zum Thema „Indianer" Fragen und Lösungen aus. (Hierzu ist es ratsam, dass die Kinder vorher Recherchen über Indianerstämme, z. B. in Südamerika, durchführen, damit es nicht zu plakativ wird.)

Spiel: Entweder werden Rateteams gebildet oder alle spielen als Einzelspieler. Ein Spielleiter wird gewählt oder Sie übernehmen die Rolle selbst. Die gesammelten Fragen werden vom Spielleiter gestellt. Alternativ können verdeckte Karten aus einem Stapel gezogen werden und wer zieht, liest sie vor. Belohnung: Wer die richtige Antwort nennt, erhält einen Knopf, eine getrocknete Bohne o. Ä. Am Ende zählt jedes Team bzw. jeder Spieler seine Belohnungsgegenstände zusammen. Wer die meisten hat, darf sich zum Wochenende eine kleine Geschichte, eine Fabel oder ein Abschlussspiel wünschen.

Alternative: Der Reihe nach wird jedem Kind ein neues oder das nicht gelöste Rätsel gestellt.

Tipp: Wer das Rätsel nicht lösen kann, wählt sich einen wissenden, sich stumm meldenden Mitspieler aus.

4. Kochtopf: Ein Indianerdorf mit Wigwams aus Eiswaffeln bauen

Material: Eistüten, Schaschlikstäbe, Märchenwolle, Pfeifenputzer, Band, kleine Federn, Ästchen oder Zahnstocher, Papier, Korken, Wackelaugen, Messer, Trinkhalme, Klebstoff

Und so wird's gemacht: Für das Zelt: Schneiden Sie die Eistütenspitze ab und drehen Sie sie zum Zelt um. Im Kleinformat wird die Eistütenspitze zu einer Squaw. Das Indianerzelt wird mit Band oder Pfeifenputzern mit Mustern verziert. Schieben Sie die Schaschlikstäbe oder Trinkhalme in die Zeltöffnung und bringen Sie etwas Märchenwolle für den Rauch an.

Squaw: Bringen Sie Gesicht und Haare samt Indianerstirnband und einer kleinen Feder an.
Feuer: Kleben Sie kleine Ästchen oder Zahnstocher übereinander und nehmen Sie Märchenwolle für den Rauch.
Floß: Kleben Sie auf zugeschnittenem Papier die Ästchen auf und stabilisieren Sie sie mit zwei Trinkhalmen als Querstangen. Stellen Sie **Kork-Indianer** her und setzen Sie sie auf das Floß.

Ergänzung: In dunkler Nacht

Der Lehrer liest das Gedicht vor, und die Kinder setzen es den Anweisungen gemäß in Bewegungen und Geräusche um.

- Alle Indianer schlafen in dunkler Nacht.
  (Sie schnarchen leise.)
- Da naht ein Trappeln, keiner erwacht.
  (Sie trappeln leise mit den Füßen.)

- Vor den Zelten heulen die Wölfe.
  (Sie heulen wie Wölfe.)
- Sie sind hungrig, alle zwölfe.
  (Sie zählen von eins bis zwölf.)
- Schakale kommen hinzu.
  (Sie knurren.)
- und geben auch keine Ruh.
  (Sie heulen wie Wölfe und bellen wie Schakale.)
- Die Indianer werden wach, schleichen hinaus.
  (Sie machen leise Geräusche mit den Füßen.)
- und graben ihre Tomahawks aus.
  (Sie heulen wie Indianer.)
- Wölfe und Schakale fliehen in die Ferne.
  (Sie trampeln laut.)
- Fort sind sie, das haben die Indianer gerne.
  (Sie machen ein Getrappel, das leise wird und verstummt.)
- In den Wigwams kehrt wieder Ruhe ein.
  (Sie sind ganz still.)
- Nur der Wind pfeift durch den Zeltspalt herein.
  (Sie machen Windgeräusche.)
- Die Indianer legen sich zur Ruh
  (Sie schnarchen leise.)
- und machen ihre Augen zu.
  (Sie sind ganz still.)

! **Tipp:** Lesen Sie das Gedicht Zeile für Zeile vor und betonen sie es ganz besonders deutlich. Rezitieren Sie das Gedicht nun immer schneller oder ganz langsam und lassen Sie es entsprechend darstellen.

Mein Schlusstipp: Märchenbuch und Märchenbild

Ein eigenes Märchenbuch erstellen:

Die Kinder fassen ihr Lieblingsmärchen in eigenen Worten zusammen oder erfinden ein Märchen selbst. Sammeln Sie alle, lassen Sie sie mit Zeichnungen und Fotos ausschmücken, kopieren Sie sie und kreieren Sie ein eigenes Titelbild.